青少年
体育活动课程设计
乒乓球运动

体育活动课研创组　编

人民邮电出版社

北京

图书在版编目（CIP）数据

青少年体育活动课程设计. 乒乓球运动 / 体育活动
课研创组编. -- 北京 : 人民邮电出版社，2022.8
ISBN 978-7-115-58515-8

Ⅰ. ①青… Ⅱ. ①体… Ⅲ. ①体育活动—青少年读物
②乒乓球运动—青少年读物 Ⅳ. ①G8-49②G846-49

中国版本图书馆CIP数据核字(2022)第011878号

免责声明

内 容 提 要

　　"青少年体育活动课程设计指导丛书"面向负责学校体育活动的组织者，以促进青少年健康发展为基本理念，提供了一系列关于开展体育活动课程的丰富参考内容，涉及体能训练、篮球、足球、羽毛球、乒乓球等体育活动的具体实施方案。

　　本书首先介绍乒乓球运动的起源与发展、场地与装备、简单规则等基础知识，然后针对课程实施过程中会用到的热身与放松、乒乓球技术和组织训练方法进行具体介绍，基于此提供了 16 个实操性较强的课程方案，每节课程均按照热身活动、技术教学、组织训练和放松活动的顺序合理地安排教学，寓教于乐，旨在为青少年体育教育课程的设计者和开展者提供有效参考，进而为青少年提供有趣又科学的体育活动。

◆ 编　　　　体育活动课研创组
　　责任编辑　林振英
　　责任印制　马振武
◆ 人民邮电出版社出版发行　　北京市丰台区成寿寺路 11 号
　　邮编　100164　电子邮件　315@ptpress.com.cn
　　网址　https://www.ptpress.com.cn
　　临西县阅读时光印刷有限公司印刷
◆ 开本：700×1000　1/16
　　印张：8.5　　　　　　　　　2022 年 8 月第 1 版
　　字数：175 千字　　　　　　 2022 年 8 月河北第 1 次印刷

定价：49.80 元

读者服务热线：(010)81055296　印装质量热线：(010)81055316
反盗版热线：(010)81055315
广告经营许可证：京东市监广登字 20170147 号

编委会

主任：王 雄

副主任：翁盈盈 赵嘉玮

编委会成员：

王 雄——国家体育总局训练局国家队体能训练中心负责人，博士、副研究员、硕士生导师

翁盈盈——北京市翠微小学体育教师，国家一级田径裁判员

赵嘉玮——清华附中稻香湖国际学校体育教师，爱尔兰利默里克大学运动表现专业硕士

沈兆喆——国家体育总局训练局国家队体能训练中心体能训练师、副研究员，奥运冠军体能教练

陈 洋——国家体育总局训练局国家队体能训练中心体能训练师，奥运冠军体能教练

崔雪原——国家体育总局训练局国家队体能训练中心体能训练师，国家队体能教练

刘 也——国家体育总局训练局国家队体能训练中心体能训练师，国家队体能教练

丁仁海——中国篮球协会理事，北京篮球协会副秘书长，优肯篮球创始人

索 敌——前国家羽毛球队女单一队队员，前国青队教练，现任北京羽毛球专业队女单主教练

呙 俐——前国家花样游泳队队员（队长），世界杯冠军，里约奥运会、东京奥运会银牌得主

索 冉——前国家游泳队队员，游泳国际级运动健将，世界杯、短池世锦赛、军运会冠军

顾玉婷——前国家乒乓球队女单一队队员，乒乓球国际级运动健将，首届青奥会女单冠军

廖 韬——中国足球协会甲级联赛湖南湘涛一线队体能教练，青少年足球梯队体能教练，亚足联 / 中国足球协会 C 级教练

张欣欣——北京市史家小学副校长，北京市骨干教师，国培计划小学体育骨干教师培训导师

李 波——北京市东城区教育科学研究院体育教研员，北京市骨干教师，北京市东城区教学指导委员会体育学科主任

韩 军——深圳市华丽小学校长，深圳市督学，中国青少年近视防控"慧眼工程"创始人

谭廷信——华南师范大学科教体育教研组前组长，"惠运动"数字体育平台发起人，惠考中考体育发起人

陈凤林——广州市第一中学高级体育教师，广州市名教师工作室负责人，广州市荔湾区体教结合篮球项目总教练

卢钦龙——北京市培新小学科研主任、高级体育教师，北京市东城区体育学科带头人

王宝华——北京市板厂小学副校长、高级体育教师

吴永新——北京市培新小学体育教师，全国田径中级教练员

张 旎——北京市第十一中学一级体育教师，国家一级艺术体操运动员

方 康——北京市第四中学体育教师

果天泽——北京第二外国语学院体育教师

孟 圆——北京市西城区黄城根小学体育教师，国家一级田径裁判员

前言

各类报道显示，我国中小学生体质指标连续近 20 年呈总体下滑趋势，成为后续"亚健康"问题的源头，也给社会带来了深深的隐忧。在数字互联网和人工智能飞速发展的大时代背景下，体育运动对促进儿童和青少年身心的全面协调发展更加具有不可替代的重要作用，儿童青少年身体素质的发展，将直接影响到中华民族伟大复兴战略目标的实现，这也是当前"双减"政策出台的重要背景之一。

著名教育家蔡元培先生提出："完全人格，首在体育"。强健学生体魄，帮助下一代培养健康积极的生活习惯和运动家精神，有利于其正确人生观和价值观的塑造，也是民族复兴的百年大计。实际上，体育是学生全面发展的基础，强健的体魄和良好的运动能力不仅能提高学生的身体素质，也可以间接地提高学生的学习效率，促进德、智、体、美、劳的全面发展。孩子要健康成长，形成良好的锻炼习惯和掌握科学训练的方法非常关键，而学校体育课是孩子掌握体育技能和练习方法最重要的阵地，特别是针对当前火热的球类运动教学，如乒乓球、羽毛球、篮球、足球等，体育课需要更加结构化和科学化，需要系统的安排热身活动、放松运动，在技术教学的同时进行多元化组织设计，嵌入符合学生年龄特点的游戏和互动环节，调动学生的积极性。

本书主要适用于学校负责开展体育活动的教师，包括专职体育教师、兼职体育教师、各类体育活动组织者等，以中小学生作为授课对象，贯彻科学练习、寓教于乐的原则，让儿童青少年在增强体质、提升技能的同时，更好地体会到球类运动的魅力。

全书共 6 章，第 1 章是关于乒乓球的基础知识，便于教师开课时进行基础性的介绍；第 2~4 章分别对热身与放松、乒乓球技术和组织训练方法进行具体介绍，课程实施者通过详细阅读这一部分，可以准确掌握动作要点，从而正确有效地指导学生的动作；第 5 章提供了 16 个课程方案，每节课程由热身活动、技术教学、训练组织与放松活动四个部分组成，将乒乓球技术与集体游戏融合于一体，可以帮助教师完成一节内容丰富且结构完整的乒乓球课；第 6 章提供一些关于运动防护和应急处理的小知识，可以帮助降低学生受伤风险，让教师更加科学、安全、系统地安排好教学课程。

需要注意的是，本书第 5 章所介绍的 16 个课程方案是一套完整的学期课程内容，方案中每个身体练习或技术动作都可在书中对应页码找到详细讲解。在实际教学中，教师可按照本书提供的课程顺序进行一学期的教学，也可针对不同年龄学生选取部分课程进行教学。此外，教师也可以根据学生的技能水平情况及场地设施条件，对书中的各部分内容进行针对性的调整，增加课程的新鲜感和互动性，帮助学生更好地掌握乒乓球技术与技能，提升身体素质和增强运动表现，进而最大程度地激发学生的运动热情。

CONTENTS 目录

第 1 章　乒乓球基础知识

1.1　乒乓球运动的起源与发展 ⋯⋯⋯⋯⋯⋯⋯ 2

1.2　乒乓球台 ⋯⋯⋯⋯⋯⋯⋯ 2

1.3　乒乓球运动的装备 ⋯⋯⋯⋯⋯⋯⋯ 3

1.4　乒乓球运动的规则 ⋯⋯⋯⋯⋯⋯⋯ 4

第 2 章　热身与放松

2.1　站姿 -T 字 ⋯⋯⋯⋯⋯⋯⋯ 6

2.2　碎步跑 ⋯⋯⋯⋯⋯⋯⋯ 7

2.3　开合跳 ⋯⋯⋯⋯⋯⋯⋯ 8

2.4　向后弓步 + 旋转 ⋯⋯⋯⋯⋯⋯⋯ 9

2.5　振臂跳 ⋯⋯⋯⋯⋯⋯⋯ 10

2.6　对侧肘碰膝垫步跳 ⋯⋯⋯⋯⋯⋯⋯ 11

2.7　最伟大拉伸 ⋯⋯⋯⋯⋯⋯⋯ 12

2.8　向后弓步走 - 腘绳肌拉伸 ⋯⋯⋯⋯⋯⋯⋯ 13

2.9　抱膝前进 ⋯⋯⋯⋯⋯⋯⋯ 14

2.10　毛毛虫爬 ⋯⋯⋯⋯⋯⋯⋯ 15

2.11　站姿 -Y 字 ⋯⋯⋯⋯⋯⋯⋯ 16

2.12　站姿 -W 字 ⋯⋯⋯⋯⋯⋯⋯ 17

2.13　屈髋外展跳 ⋯⋯⋯⋯⋯⋯⋯ 18

2.14　垫步直腿跳 ⋯⋯⋯⋯⋯⋯⋯ 19

2.15　波比跳 ⋯⋯⋯⋯⋯⋯⋯ 20

2.16　俯卧登山步 ⋯⋯⋯⋯⋯⋯⋯ 21

目录 CONTENTS

2.17　徒手蹲 - 相扑式 ·· 22

2.18　弓步跳 ·· 23

2.19　十字象限跳 ·· 24

2.20　侧弓步 + 体前屈 ·· 25

2.21　燕式平衡 + 体前屈 ·· 26

2.22　垫步直臂环绕 ·· 27

2.23　侧滑步 ·· 28

2.24　高抬腿 ·· 29

2.25　屈伸手腕 ·· 30

2.26　三角肌前束 - 向后伸展上提 ·· 31

2.27　坐式主动拉伸 ·· 32

2.28　腓肠肌拉伸 ·· 33

2.29　半跪姿股四头肌拉伸 ·· 34

2.30　跪姿背阔肌拉伸 ·· 35

2.31　猫狗式 - 胸椎伸展 ·· 36

2.32　侧卧股四头肌拉伸 ·· 37

2.33　4 字拉伸 ·· 38

2.34　手臂后伸屈肘后推 ·· 39

2.35　菱形肌拉伸 ·· 40

2.36　一字马拉伸内收肌 ·· 41

2.37　分腿蹲 - 原地 ·· 42

2.38　坐姿体前屈 ·· 43

2.39　单腿屈髋 ·· 44

2.40　站姿股四头肌拉伸 ·· 45

CONTENTS **目录**

第3章 乒乓球基础技术

3.1 基本站姿与握拍方法 ································· 47

3.2 引拍姿势与正、反手引拍 ························· 49

3.3 单步 ··· 51

3.4 并步 ··· 52

3.5 跨步 ··· 53

3.6 跳步 ··· 54

3.7 正交叉步 ·· 55

3.8 横拍正手平击发球 ··································· 56

3.9 横拍反手平击发球 ··································· 57

3.10 横拍反手发短球 ···································· 58

3.11 横拍正手攻球 ······································· 59

3.12 横拍反手攻球 ······································· 60

3.13 正手平挡 ··· 61

3.14 反手平挡 ··· 62

3.15 横拍正手搓球 ······································· 63

3.16 横拍反手搓球 ······································· 64

第4章 乒乓球组织训练方法

4.1 横拍双面交替颠球 ································· 66

4.2 两人对颠球 ··· 67

4.3 单步"接龙"游戏 ··································· 68

4.4 移步换球 ··· 69

目录 CONTENTS

4.5 跨步"接龙"游戏 ···························· 70

4.6 左右跳步训练 ···························· 71

4.7 移球积分赛 ···························· 72

4.8 "击准王"游戏 ···························· 73

4.9 击球入筐 ···························· 74

4.10 击球积分赛 ···························· 75

4.11 横拍正手攻球练习 ···························· 76

4.12 横拍反手攻球练习 ···························· 77

4.13 正手平挡练习 ···························· 78

4.14 反手平挡接力赛 ···························· 79

4.15 团队乒乓球接力赛 ···························· 80

4.16 擂台赛 ···························· 81

第5章　课程组织方案

第1课 ···························· 84

第2课 ···························· 86

第3课 ···························· 88

第4课 ···························· 90

第5课 ···························· 92

第6课 ···························· 94

第7课 ···························· 96

第8课 ···························· 98

第9课 ···························· 100

第10课 ···························· 102

CONTENTS 目录

第 11 课 ·· 104

第 12 课 ·· 106

第 13 课 ·· 108

第 14 课 ·· 110

第 15 课 ·· 112

第 16 课 ·· 114

第 6 章　常见运动损伤与预防

6.1　儿童青少年生理特点与运动损伤之间的关系 ·················· 117

6.2　乒乓球运动中常见的损伤 ······························ 118

6.3　运动损伤应急处理 ·································· 120

6.4　常见运动损伤的预防 ································ 123

掌握教学技能
提升专业素养

扫描本书二维码，获取正版专属资源

智能阅读向导为您严选以下专属服务

会员专享
教育工作者必备干货合集，
提高你的教学能力

教学图解
体育课堂必备图解，总结
乒乓球课堂教学关键点

教育报告
行业报告在线查阅，紧跟
教育政策导向

教育理论
名家分享教育理念，助力
提升专业素养

★ 记【读书笔记】随手记录体育教学心得与体会
★ 加【交流社群】与教育工作者展开交流与探讨

扫码添加**智能阅读向导**

操作步骤指南

① 微信扫描左侧二维码，选取所需资源。
② 如需重复使用，可再次扫描或将其添加到
微信"🎁收藏"。

第1章

乒乓球基础知识

1.1 乒乓球运动的起源与发展

乒乓球被誉为中国的"国球"，深受人们的喜爱。它的前身为桌上网球，起源于 19 世纪后期的英国。当时，因为场地和天气的限制，几名学生无法进行网球运动，便将餐桌和羊皮纸作为球台和球拍进行击球比赛，乒乓球的雏形由此诞生。因球被击打时会发出"乒乒乓乓"的声音，故得名乒乓球。经过一个多世纪的发展，1988 年，乒乓球成为奥运会的正式比赛项目。

观赏点

● 轮换发球的攻守变化让比赛看起来十分激烈且充满悬念，最高超过 100 千米 / 时的球速与各种旋转球也让观众目不暇接。

1.2 乒乓球台

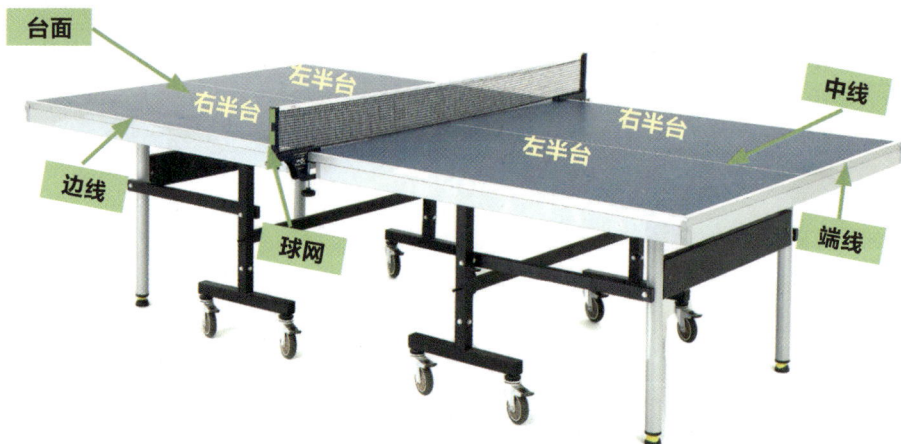

台面　左半台　右半台　中线　边线　球网　端线

● 边线
边线长 2.74 米。

● 端线
端线长 1.525 米。

● 中线
中线将乒乓球台分为左、右两个半台，中线与边线平行，并属于右半台的一部分。

● 台面

台面距离地面 76 厘米，颜色为无光泽的蓝色或绿色。比赛中，乒乓球未触及台面则为出界。

● 球网

球网位于台面中间，高度为 15.25 厘米，支架两端都需向台面外延伸 15.25 厘米。

1.3 乒乓球运动的装备

● 球服

通常为方便运动的短袖上衣和短裤，上衣背面印有球员的队名、姓名与号码。在比赛中，两方球员的上衣颜色要有明显的区别。

● 乒乓球

直径为 4 厘米，重 2.7 克，外表为无光泽的白色、黄色或橙色。

● 乒乓球拍

底板以木料为主，拍面覆盖一层普通颗粒胶或海绵胶（普通颗粒胶厚度不超过 0.2 厘米，海绵胶厚度不超过 0.4 厘米），一面必须为红色，一面必须为黑色。

● 球鞋

鞋面软硬适中，具有良好的透气性；鞋底不宜过厚，以保证球员能有更快的启动速度；鞋帮不宜过高，以保证球员快速移动时有更高的灵活性。

1.4 乒乓球运动的规则

乒乓球单打比赛一般采取 7 局 4 胜制，最多打 7 局，最先获得 4 局胜利者为胜者；双打和团体比赛一般采取 5 局 3 胜制，最多打 5 局，最先获得 3 局胜利者为胜者。每局比赛中，率先得 11 分且领先对手 2 分及以上者为胜者，比分为 10 ：10 后，必须要领先对手 2 分才算胜利。

失分情况

- 在发球时，乒乓球必须在己方台面弹跳 1 次，否则失 1 分。
- 回球时，来球触及台面后才可击球，否则失 1 分。
- 不得故意连续两次或多次击球，否则失 1 分。
- 在发球和回球时，未执拍手不得触及台面，否则失 1 分。

发球规则

- 比赛开始前，通过掷硬币来决定谁获得挑选场地和先发球的权利。
- 比赛过程中，一方发球两次后换方发球；比分为 10 ：10 后，两方开始交替发球。
- 在双打比赛中，发球球员必须在己方的右半台将球发至对方的右半台，由对方接发球球员回击。发完两球后，双方交换发球权，原接发球球员成为新发球球员，原发球球员的队友成为新接发球球员，以此类推。

第 2 章

热身与放松

2.1 站姿 – T 字

训练部位 背部、肩部

主要肌肉 菱形肌、斜方肌

POINT 要点提示

全程要保持核心收紧、背部平直，不要含胸驼背。此外，抬臂时肩膀应自然放松，不要耸起。

动作步骤

1. 双脚开立，与肩同宽，屈髋屈膝，躯干前倾至与大腿约成 90 度角，背部挺直，双臂自然下垂，双手握拳，拇指伸直。

2. 肩胛骨向内、向下收紧，双臂伸直，从身体两侧上抬，抬至双臂水平且与躯干成 90 度角，躯干与双臂成 "T" 字形，拇指朝上。然后回到起始姿势，重复规定次数。

2.2 碎步跑

训练部位 全身

主要肌肉 臀肌、股四头肌、小腿三

头肌、踝部肌群

动作步骤

1. 双脚开立，略比肩宽，躯干前倾，背部挺直，重心放在双脚前脚掌上，呈前后摆臂状。

2. 双脚交替抬起较低的高度，碎步跑 10 秒左右，缓慢向前移动。其间，跑步节奏由慢变快，直至达到最快速度，保持最快速度 5 秒后再减速。同时，以较低的频率摆臂，保持整体的协调性。碎步跑结束后可以向前跑动 5~10 米，进行放松。

2.3 开合跳

训练部位 全身

主要肌肉 臀大肌、股四头肌、腓肠

肌、比目鱼肌、上肢肌群

POINT 要点提示

跳跃和落地过程中，保持核心收紧，控制膝盖和脚尖朝前，并随着节奏均匀呼吸。

动作步骤

1. 双脚开立，略比肩窄，双臂伸直自然放于身体两侧，挺胸抬头，目视前方，腹部收紧。

2. 双腿蹬地发力向上跳起，双腿向外打开，同时双臂保持伸直状态，从体侧向上抬起并且双手在头顶上方轻轻触碰。

3. 落地后第二次向上跳起，同时双臂下摆，双脚相互靠拢。重复以上步骤，并完成规定的次数。

2.4 向后弓步 + 旋转

训练部位 胸椎、核心

主要肌肉 髂腰肌、缝匠肌、股直肌、腹内斜肌、腹外斜肌

POINT 要点提示

前腿的膝关节不要超过脚尖。转体时，躯干保持直立，挺胸抬头，腿部与髋部保持不动。

动作步骤

1. 双脚并拢站立，背部挺直，目视前方。

2. 一条腿向后跨步，同时前腿屈髋屈膝下蹲至大腿几乎与地面平行，前腿的同侧手臂从身前抬起至水平位置，另一侧手臂从身前环绕腰部，手掌置于腰侧。

3. 抬起的手臂向身体后方伸展，同时躯干慢慢向同侧旋转至最大幅度。回到起始姿势，换至对侧重复以上步骤，并完成规定次数。

2.5 振臂跳

训练部位 全身

主要肌肉 股四头肌、腘绳肌、臀大肌、腓肠肌、胫骨前肌、核心肌群、上肢肌群

POINT 要点提示

在跳起的过程中，身体姿势要准确，抬起腿与支撑腿的最大夹角要大于 90 度。

动作步骤

1. 双脚开立，略小于肩宽，双手自然垂于身体两侧，挺胸抬头，目视前方。

2. 臀部与腿部发力，身体向上跳起，一侧手臂向上伸直举过头顶，对侧腿屈髋屈膝将大腿抬至与地面平行。

3. 换至对侧完成振臂跳动作，之后重复上述步骤，并完成规定次数或时间。

2.6 对侧肘碰膝垫步跳

训练部位 全身

主要肌肉 臀大肌、髋内收肌群、股四头肌、

腓肠肌、比目鱼肌、核心肌群

POINT 要点提示

动作全程始终保持背部挺直，核心收紧。支撑脚可在原地做垫步，辅助对侧腿部用力上抬。

动作步骤

1. 身体呈直立姿，抬头挺胸，目视前方。双脚开立，略窄于肩，双臂自然垂于身体两侧，保持腹部收紧。

2. 双脚向上跳动，抬一侧腿并屈髋屈膝，同时用对侧手肘碰触抬起腿的膝部。

3. 抬起腿落地的同时用力蹬地，在前脚掌接触地面的瞬间，快速做一个原地垫步跳，抬起另一侧腿并用对侧手肘触碰膝部。双腿交替进行，重复以上步骤，并完成规定的次数。

1 **2** **3**

2.7 最伟大拉伸

训练部位 下肢、核心、胸部

主要肌肉 髂腰肌、股直肌、腘绳肌、腓肠

肌、臀大肌、腹内斜肌、腹外斜肌

POINT 要点提示

动作全程始终保持核心收紧。手臂向上伸展时，要完全打开，且后腿伸直。

动作步骤

1. 身体直立，双脚间距小于肩宽，腹部收紧，挺胸抬头，目视前方。右脚向前迈步，呈右弓步；左脚伸直，左脚前脚掌撑地。

2. 腿部不动，俯身，左手手掌撑地，右肘贴地置于右脚内侧，拉伸动作持续 1 到 2 秒。右臂从右腿内侧向上外展，目视右手，双臂呈一条直线，拉伸动作持续 1 到 2 秒。

3. 右臂收回，双手置于前脚两侧，指肚触地；右腿从屈膝变为伸直，脚后跟撑地，脚尖勾起，拉伸动作持续 1 到 2 秒。恢复初始姿势，换至对侧，双脚交替直至完成规定次数。

2.8 向后弓步走-腘绳肌拉伸

训练部位 腿部、腹部、髋部

主要肌肉 腹直肌、髂腰肌、腘绳肌

POINT 要点提示

手臂上举时，双臂要伸直且贴紧双耳。躯干前倾幅度以双手可以置于前脚后方两侧为宜。

动作步骤

1. 双脚并拢站立，挺胸抬头，目视前方，双臂自然垂于身体两侧。

2. 一侧脚向后迈出，前侧腿屈髋屈膝，下蹲至大腿几乎与地面平行，后脚脚尖撑地，双手伸直举过头顶，脊柱向后伸展。

3. 身体前倾，双臂向前、向下伸展，双手置于前腿后方两侧，前腿伸直进行腘绳肌拉伸。回到起始姿势，换至对侧重复以上步骤，并完成规定次数。

2.9 抱膝前进

训练部位 下肢

主要肌肉 臀大肌、腘绳肌、髋关节

屈肌

POINT 要点提示

抬腿抱膝时，收紧支撑腿一侧的臀大肌，保持背部挺直。

动作步骤

1. 身体直立，双脚间距略窄于肩，腹部收紧，抬头挺胸，目视前方。

2. 右脚脚尖勾起，右膝抬至胸前，双手抱膝向上提拉；同时左脚脚后跟向上踮起，并收紧左腿的臀大肌。该动作持续 1 到 2 秒后，右脚向前落地。

3. 换至对侧腿重复以上步骤，之后两腿交替进行，直至完成规定次数。

2.10 毛毛虫爬

训练部位 核心区域、下肢

主要肌肉 核心肌群、腘绳肌、腓肠

肌、比目鱼肌

POINT 要点提示

爬行期间，保持膝关节与肘关节伸直，腹部收紧，肩与躯干发力。

动作步骤

1. 身体直立，双脚间距与肩同宽，腹部收紧，挺胸抬头，目视前方。

2. 双腿伸直，屈髋弯腰，双臂向下伸直，使双手撑地，指尖朝前，呈起始姿势。然后双脚保持不动，双手向身体前方爬行，直至无法支撑身体。其间，双腿尽量保持伸直状态，让腿部后侧肌肉始终有较强的牵拉感。

3. 双臂保持不动，双腿伸直，向前行走，向双手靠近，且一步移动一个脚掌的距离，直至回到起始姿势。手脚交替爬行，直至完成规定的次数或距离。

2.11 站姿－Y字

训练部位 上肢、肩部、背部

主要肌肉 斜方肌、肩袖肌群、菱形
肌、三角肌

POINT 要点提示

保持背部挺直，核心收紧，拇指朝上，
肩胛骨收紧后抬起手臂。

动作步骤

1.双脚开立，与肩同宽，屈髋屈膝，躯干前倾至与大腿约成90度角，背部挺直，
双臂自然下垂，双手握拳，拳心相对，拇指伸直。

2.两侧肩胛骨向内、向下收紧，双臂伸直，向前上方抬起举过头顶，与躯干呈形成"Y"
字形，且使拇指朝上。然后回到起始姿势，重复该动作直至完成规定次数。

2.12 站姿 –W 字

训练部位 肩部、背部

主要肌肉 斜方肌、肩袖肌群、菱形

肌、三角肌

POINT 要点提示

双膝微屈，膝盖不超过脚尖。全程均匀呼吸，保持背部挺直、核心收紧，抬手臂时肩胛骨收紧，拇指朝上。

动作步骤

1. 双脚开立，与肩同宽，屈髋屈膝，躯干前倾至与大腿约成 90 度角，背部挺直，双臂屈肘小于 90 度角置于身前；双手握拳，掌心朝内，拇指伸直。

2. 双侧肩胛骨向下、向内收紧，双臂向外打开，直至手臂与躯干在同一平面上，肘关节呈 90 度角，且手臂与躯干呈 "W" 字形。然后回到起始姿势，重复该动作直至完成规定次数。

2.13 屈髋外展跳

训练部位 核心、大腿、小腿

主要肌肉 下肢肌群

POINT 要点提示

全程均匀呼吸，目视前方，背部挺直，核心收紧，保持身体平衡。

动作步骤

1. 身体呈直立姿站立，双脚分开略窄于肩，双手叉腰。

2. 双脚同时起跳，抬右侧腿屈髋屈膝至大腿与地面接近平行。

3. 左腿原地垫步跳，同时右腿向外展髋。右腿落地的同时左腿完成同样的动作。两腿交替进行，直至完成规定次数。

2.14 垫步直腿跳

训练部位 全身

主要肌肉 腓肠肌、比目鱼肌、臀大肌、髂腰
肌、股四头肌、核心肌群、肩部肌群

POINT 要点提示

保持背部挺直，核心收紧。抬
起腿部时，双腿不要过度屈曲。
双手尽量触碰到抬起脚脚尖。

动作步骤

1. 身体呈直立姿，抬头挺胸，目视前方。双脚开立，略窄于肩，双腿伸直，双臂
自然垂于身体两侧。

2. 保持腹部收紧，右腿原地垫步跳，同时左腿屈髋伸膝，在身前抬起，并用右手触
碰左脚脚尖。

3. 左腿落地的同时用前脚掌用力蹬地，快速做一个原地垫步跳，同时抬起右腿并用
左手触碰抬右脚尖。双腿交替进行，直至完成规定次数或时间。

2.15 波比跳

训练部位 全身

主要肌肉 核心肌群、下肢肌群、
上肢肌群

POINT 要点提示

后背始终保持挺直。下蹲做俯卧撑动作时，核心收紧，双手放在肩部的正下方。

动作步骤

1. 身体呈直立姿站立，双臂自然垂于身体两侧，目视前方。

2. 保持核心收紧，屈髋屈膝俯身下蹲，使双手在肩部正下方触地。

3. 双臂伸直，双手撑地，双脚蹬地同时向后跳去，伸髋伸膝，使头部、躯干、双腿在一条直线上。

4. 双脚向前跳回，屈髋屈膝，恢复下蹲姿势。

5. 起身向上跳起，腰部背挺，同时双臂伸直上举过头顶，并轻轻触碰。落地后回到起始姿势，重复以上步骤，并完成规定的次数。

2.16 俯卧登山步

训练部位 核心

主要肌肉 核心肌群

POINT 要点提示

收腹屈膝时，躯干保持稳定，躯干与支撑腿呈一条直线，并尽量减少身体左右晃动。

动作步骤

1. 身体呈四点支撑的俯撑姿势，双臂伸直，双手和双脚脚尖撑地，且双手位于肩部的正下方。核心收紧，腰背挺直。

2. 保持腹部收紧，左腿屈髋屈膝，前收至髋部下方，然后快速向后伸直回到起始姿势。换至对侧完成同样的动作，两腿交替进行，直至完成规定次数。

2.17 徒手蹲 – 相扑式

训练部位 臀部、腿部

主要肌肉 臀大肌、股四头肌、耻

骨肌、长收肌、大收肌

POINT 要点提示

保持胸部和背部挺直，脚后跟不要离地，肘关节在膝盖内侧，起身时下腰背和股四头肌发力。

动作步骤

1. 身体呈直立姿站立，双脚分开，距离略大于肩宽，挺胸收腹，目视前方，双手自然垂于身体前侧。

2. 屈髋屈膝下蹲，身体随之前倾，直至大腿约与地面平行，且膝关节不要超过脚尖。其间，保持核心收紧、背部挺直，双臂向下伸直垂于身前。然后快速站起，回到起始姿势，重复以上步骤，直至完成规定次数。

1

2

2.18 弓步跳

训练部位 臀部、大腿、小腿

主要肌肉 股四头肌、臀大肌、比目

鱼肌、腓肠肌

POINT 要点提示

弓箭步时，膝关节和脚尖的方向保持一致，均始终朝前。向上跳起时呼气，落地时吸气。

动作步骤

1. 身体呈弓箭步姿势，前侧腿的大腿与地面接近平行，小腿垂直于地面；后侧腿的膝部几乎触地。背部挺直，核心收紧，下颌微收，目视前方，双手自然垂于身体两侧。

2. 双脚蹬地发力，双臂向上摆动，伸膝伸髋，向上跳起，并交换双腿的前后位置。

3. 落地时身体仍呈弓箭步姿势，然后重复以上步骤，完成规定的次数。

2.19 十字象限跳

训练部位 全身

主要肌肉 臀大肌、股四头肌、腘绳肌

POINT ▶ 要点提示

跳跃过程中，核心收紧，腰背挺直，全程均匀呼吸。且在保持身体平衡的情况下，可以不断加快跳跃速度。

动作步骤

1. 在平地上均匀分出四个等大的方形，分别为 ABCD 四个区域。身体呈直立姿站立，双脚并拢，双手叉腰，站在 A 区域内。

2. 双脚蹬地，从 A 区域出发，按照 ABCD 的顺序，依次跳向下一个区域，最后再返回到 A 区域内。然后重复以上步骤，完成规定的次数。

1

2

2.20 侧弓步 + 体前屈

训练部位 全身

主要肌肉 股四头肌、臀大肌、腘绳肌、耻
骨肌、大收肌、长收肌、竖脊肌

POINT 要点提示

进行侧弓步动作时，注意膝关节
不要过伸；触地时，核心收紧，
尽量保持双腿伸直。

动作步骤

1. 双脚并拢呈直立站姿，抬头挺胸，目视前方，双臂紧贴身体两侧，双手掌心对立。

2. 右腿屈膝下蹲，左腿向左侧迈出，重心移到右腿，身体呈侧弓步姿势。双脚脚尖朝前，
全脚掌贴地。上半身前倾，双手握拳靠拢于胸前，掌心向后。

3. 起身伸直双腿，左腿迈向右腿右后方，双腿呈交叉站立。上半身前倾，双臂垂于体侧。

4. 俯身，双臂自然垂落于腿前，指尖触地，腹部收紧。恢复起始姿势，换至对侧，
重复以上步骤并完成规定次数。

1 2  3  4

2.21 | 燕式平衡 + 体前屈

训练部位 全身

主要肌肉 臀大肌、腘绳肌、竖脊肌、

核心肌群

POINT 要点提示

保持身体重心稳定，向下触地的过程中，注意保持核心收紧，控制动作的稳定性。

动作步骤

1. 抬头挺胸，身体呈直立站姿。目视前方，双臂自然垂于身体两侧。

2. 双臂侧平举，与躯干呈 90 度角。向前俯身并将一侧腿后抬，后抬腿和躯干呈与地面平行的一条直线，另一侧腿微屈单脚掌腿撑地。

3. 屈髋俯身，双臂与地面接近垂直，手指指腹撑地。上半身呈倾斜状，腹部收紧，支撑腿屈膝，后抬腿保持不变。回到起始姿势，换对侧重复以上步骤，完成规定次数。

2.22 垫步直臂环绕

训练部位 全身

主要肌肉 臀大肌、髂腰肌、股四头肌、腓肠肌、比目鱼肌、核心肌群、肩部肌群

POINT 要点提示

脚蹬地时双臂随之从后向前摆过头顶。注意保持上下肢动作的协调性与节奏性。

动作步骤

1. 抬头挺胸，身体呈直立站姿。目视前方，双臂自然垂于身体两侧。

2. 一侧腿微屈向前迈一步，脚尖向前，身体重心前移；目视前方，呈垫步姿。支撑腿蹬地发力，另一侧腿屈膝屈髋上提至大腿与地面接近平行，同时双臂从后向前摆过头顶伸直，身体前倾。

3. 抬起腿落地的同时用力蹬地，支撑腿屈髋屈膝上提至大腿与地面接近平行，继续向前做垫步动作，双臂同时下摆至体侧，完成一个手臂环绕动作。重复以上步骤，完成规定次数或距离。

2.23 侧滑步

训练部位 下肢

主要肌肉 髋外展肌群、髋内收肌群

POINT 要点提示

全程注意降低身体重心，保持身体稳定，双脚之间始终保持一定距离。

动作步骤

1. 双腿微屈，背部挺直，双脚间距大于肩宽，双臂侧平举，目视前方。

2. 左脚保持不动，右脚贴着地面向右侧滑一步，重心放低，上半身保持稳定。

3~4. 右腿保持屈膝状态，左脚跟着向右侧滑动，重心侧移，上半身姿势不变。双腿距离拉近，但不并拢。两侧腿以上述方式重复进行，完成规定次数或距离。

2.24 高抬腿

训练部位 臀部、大腿、小腿

主要肌肉 股四头肌、腓肠肌、比目

鱼肌、核心肌群

POINT 要点提示

抬起一侧的腿尽量上抬至大腿与地面接近平行，换腿动作要迅速。

动作步骤

1. 抬头挺胸，身体呈直立站姿。目视前方，双臂自然垂于身体两侧。

2. 保持躯干挺直，抬一侧腿屈髋屈膝至大腿与地面接近平行，同侧手臂自然后摆。对侧腿单脚掌撑地，手臂屈肘，上摆至胸前。

3. 抬起腿落地的同时，换另一侧完成该动作，双腿交替进行，完成规定次数。

2.25 屈伸手腕

训练部位 手臂

主要肌肉 桡侧腕屈肌、尺侧腕屈肌、
桡侧腕伸肌、尺侧腕伸肌

POINT 要点提示

拉伸时，全程均匀呼吸，背部挺直，不要弓背，目标侧手臂向前伸直，肘关节放松。

动作步骤

1. 双脚开立，与肩同宽，挺胸抬头，目视前方，双臂自然垂于身体两侧。

2. 双臂前平举，目标侧手的手指朝下、掌心向后，另一只手朝身体方向压目标侧手的手背，直至目标肌肉有一定程度的牵拉感，保持规定时间。

3. 回到起始姿势，目标侧手的手指朝上、掌心向前，另一只手朝身体方向拉目标侧手的手指，直至目标肌肉有一定程度的牵拉感，保持规定时间。之后换至对侧手并重复以上步骤。

2.26 三角肌前束 – 向后伸展上提

训练部位 肩部

主要肌肉 三角肌前束

POINT 要点提示

拉伸时，核心收紧，手臂匀速向上抬起，双臂始终保持伸直状态，肘关节不可弯曲。手臂上抬时，深呼气。

动作步骤

1. 双脚开立，与肩同宽，双手十指交叉置于臀部后上方，核心收紧，背部挺直，目视前方。

2. 躯干与双腿保持不动，双臂在身体后侧匀速向上举起，直至三角肌前束有中等程度的牵拉感，并保持规定时间。

2.27 坐式主动拉伸

训练部位 大腿

主要肌肉 内收肌群

POINT 要点提示

上半身前倾时，背部挺直，核心收紧，颈部保持放松。上半身逐渐靠近双腿时，深呼气，在拉伸过程中保持均匀呼吸。

动作步骤

1. 身体呈坐姿，背部挺直，目视前方；双腿屈膝，双脚脚掌相对，双臂自然下垂，双手分别握住同侧脚的踝关节，并将前臂分别压在大腿内侧。

2. 上半身前倾，使头部、胸部缓慢靠近双腿，直至内收肌群有中等程度的牵拉感。保持拉伸动作，直至达到规定时间。

2.28 腓肠肌拉伸

训练部位 小腿

主要肌肉 腓肠肌

POINT 要点提示

弓步拉伸时，背部挺直，目视前方。前腿尽可能屈膝屈髋至 90 度，大腿接近与地面平行；后腿伸直。

动作步骤

弓步站立，躯干挺直，前腿屈膝屈髋，后腿伸直。躯干保持挺直，身体重心前移，使后腿踝关节背曲直至目标肌肉有牵拉感。保持拉伸动作直至达到规定时间，换至对侧腿重复以上步骤。

2.29 半跪姿股四头肌拉伸

训练部位 大腿、髋部

主要肌肉 股四头肌、屈髋肌群

POINT 要点提示

保持背部挺直，向身前推髋，且身体随之前倾。拉伸时，保持身体的平衡稳定，不要向左右倾斜。

动作步骤

1. 身体呈前后腿半跪姿势，左腿在前，屈膝呈 90 度角；右腿在后，膝盖着地，并用右手握住右脚脚背。背部挺直，左臂伸直上举过头顶。

2. 右手尽量将右脚前拉，向右侧臀部靠近，同时身体慢慢前倾，直至右腿股四头肌和屈髋肌群有中等程度的牵拉感，拉伸动作持续 2 秒左右。然后换至对侧拉伸，双腿交替，直至完成规定次数或时间。

2.30 跪姿背阔肌拉伸

训练部位 背部

主要肌肉 背阔肌、三角肌

POINT ▶ **要点提示**

拉伸时，背部挺直，肩部与颈部保持放松，不要耸肩。当身体向前倾时，深呼气；在拉伸过程中，均匀地呼吸。

动作步骤

身体呈俯身跪姿，臀部向下坐于脚后跟上，背部尽量挺直，双臂伸直过头顶，前臂、双手触地，指尖朝前，面部朝地，感受到背部有中等程度牵拉感。整个拉伸动作持续 15 到 30 秒。

2.31 猫狗式－胸椎伸展

训练部位 背部、腹部、肩部

主要肌肉 背阔肌、菱形肌、腹肌、肩部肌群

POINT ▶ 要点提示

双臂伸直尽量与地面垂直，双脚脚尖触地。注意动作与呼吸的配合，不要憋气。

动作步骤

1. 身体呈俯身跪姿，背部挺直，与地面基本平行，膝盖与双脚脚尖触地；双臂伸直，双手撑地，指尖朝前，置于肩部的正下方；目视双手方向。

2. 收腹收臀的同时吸气，腰背部尽可能地向上拱起。

3. 在呼气的过程中，腰背部尽可能地向下屈曲，头部抬起，目视前上方，拉伸动作持续 2 秒左右。恢复初始动作，循环进行直至完成规定次数。

2.32 侧卧股四头肌拉伸

训练部位 大腿、髋部

主要肌肉 股四头肌、屈髋肌群

POINT 要点提示

拉伸时，背部挺直，身体保持稳定，不要前后晃动，且拉伸腿要尽量抬离地面。

动作步骤

1. 身体呈右侧卧姿，右臂向前伸直触地，头枕于右臂上。右腿触地并屈膝；左腿屈髋屈膝置于身前，并用左手握住左脚脚踝。

2. 用左手将左腿后拉，让左脚向左侧臀部靠近，直至左腿股四头肌和屈髋肌群有中等程度的牵拉感，拉伸动作持续 2 秒左右。恢复初始动作，改为左侧卧姿，换右腿进行拉伸，双腿交替直至完成规定次数或时间。

2.33 | 4 字拉伸

训练部位 臀部

主要肌肉 臀大肌、梨状肌

POINT 要点提示

当双手抱住大腿拉向胸部时，深呼气。在拉伸过程中，均匀地呼吸。

动作步骤

1. 身体呈仰卧姿，双腿弯曲，右脚交叉置于左腿大腿上，呈"4"字形；双手交叉抱住左腿大腿，将左腿抬离地面。

2. 双手继续抱住左腿大腿并拉向胸部，直至目标肌肉有中等程度的牵拉感，并保持拉伸动作 10~30 秒。然后恢复初始动作，换至对侧腿拉伸，双腿交替，直至完成规定次数或时间。

2.34 手臂后伸屈肘后推

训练部位 手臂

主要肌肉 肱三头肌

POINT 要点提示

拉伸全程，背部保持挺直，不要含胸驼背。目视前方，身体放松，且向后推肘的时候上半身不要一起后仰。

动作步骤

1. 双脚开立，与肩同宽，身体挺直，腹部收紧，挺胸抬头，目视前方。

2. 一侧手臂向内屈肘，向上抬起，使手位于该侧肩部正上方，另一侧手托在该侧肘部。

3. 将肘部向上推动，直至肱三头肌有中等程度的牵拉感，并保持规定时间。然后回到起始姿势，换至对侧手臂重复以上步骤。

2.35 菱形肌拉伸

训练部位 背部

主要肌肉 菱形肌

动作步骤

1. 身体呈坐姿，双腿屈膝，双脚并拢，双手交叉抱住大腿后侧，目视前方。

2. 双手与腿部保持不动，深呼吸的同时含胸低头，直至菱形肌有中等程度的牵拉感。保持拉伸动作，直至达到规定时间。

2.36 一字马拉伸内收肌

训练部位 大腿、髋部

主要肌肉 竖脊肌、内收肌

POINT 要点提示

身体靠向地面时，深呼气。拉伸时，均匀呼吸，保持躯干整体稳定，双脚脚尖朝上，膝关节不要内扣，并保持 10 到 30 秒。

动作步骤

1. 身体呈坐姿，双腿分开尽量外展，双膝微屈；双臂置于双腿内侧，双手触地；目视前方。

2. 腿部保持不动，双臂前伸，身体前倾，含胸低头，靠向地面，直至内收肌有中等程度的牵拉感。保持拉伸动作，直至达到规定时间。

1

2

2.37 分腿蹲 - 原地

训练部位 臀部、大腿、小腿

主要肌肉 股四头肌、臀大肌、腘绳

肌、腓肠肌、比目鱼肌

POINT

躯干保持挺直，下蹲时前侧腿屈膝屈髋90度。蹲起时呼气，下蹲时吸气。

动作步骤

1. 身体呈前后分腿姿站立，重心较多保持在前侧腿，双手叉腰，挺胸收腹，下颌微收，目视前方。

2. 保持躯干挺直，腹部收紧，且身体保持平衡，双腿屈膝下蹲，直至前侧腿的大腿与地面平行，小腿与地面垂直；后侧腿的膝盖几乎触地。后侧腿蹬地发力，回到起始姿势，换至对侧腿，重复以上步骤，完成规定的次数或时间。

2.38 坐姿体前屈

训练部位 大腿、小腿、腰部

主要肌肉 大腿后侧肌群

POINT 要点提示

双腿始终保持伸直不弯曲，双手尽量触碰到脚尖。

动作步骤

1. 身体呈坐姿，双腿伸直，躯干直立，双手撑在身体两侧，手掌贴地。

2. 两腿保持伸直，上身前倾，上臂伸直向前至双手触碰脚尖，保持规定时间。恢复起始姿势。

1

2

2.39 单腿屈髋

训练部位 大腿

主要肌肉 腘绳肌

POINT 要点提示

上半身前倾时，背部要保持挺直，颈部放松，目视前脚方向。此外，屈髋时，前腿要保持伸直状态，注意膝关节不要弯曲。

动作步骤

1. 左脚在前、右脚在后站立；左脚脚后跟撑地，左腿尽量伸直；右腿屈膝支撑身体，双手置于右腿膝关节上方；目视前方。

2.（动态）腿部不动，上身前倾至腘绳肌有中等程度的牵拉感，目视左脚前方地面。恢复起始姿势。换至对侧，两侧交替进行，直至完成规定的次数。

（静态）腿部不动，上身前倾至腘绳肌有中等程度的牵拉感，目视左脚前方地面。保持拉伸动作至规定时间。恢复起始姿势，换至对侧进行。

1 | 2 | 动态 / 静态

2.40　站姿股四头肌拉伸

训练部位　大腿、肩部

主要肌肉　股四头肌、肩部前侧肌群

POINT　要点提示

保持髋关节伸展，拉伸时收紧臀大肌，不要过度伸展下腰背。伸展时呼气，还原时吸气。

动作步骤

1. 身体直立，腹部收紧，抬头挺胸，目视前方。

2.（动态）右脚撑地，右腿成为支撑腿；左腿向后屈膝，左手抓住左脚脚背或脚踝，将其拉向臀部；同时右臂上举，左手用力拉伸左侧股四头肌，恢复起始姿势。换至对侧，两侧交替进行，直至完成规定的次数。

（静态）右脚撑地，右腿成为支撑腿；左腿向后屈膝，左手抓住左脚脚背或脚踝，将其拉向臀部；同时右臂上举，左手用力拉伸左侧股四头肌，保持规定时间。恢复起始姿势，换至对侧进行。

1

2

动态 / 静态

第 3 章

乒乓球基础技术

3.1 基本站姿与握拍方法

教学重点 让学生掌握正确的基本站姿与握拍方法。

教学难点 分清直拍握法与横拍握法的区别，并掌握正确的发力技巧。

● 基本站姿

视线
注视来球方向。

手臂
持拍侧手臂自然弯曲，放在身前偏右处，手腕放松。

膝关节
膝关节微屈，时刻准备移动。

上身
上身保持放松，身体适当前倾并稍微含胸。

双脚
左脚稍微在前，右脚靠后，重心置于两脚之间。

动作要领

双脚距离略比肩宽，主要依靠前脚掌撑地。核心收紧，身体略微前倾，膝关节微屈。当球员的惯用手是右手时，右臂自然弯曲，手腕放松，使球拍位于腹部右上方，拍头指向斜前方。

● 横拍握法

标准的横拍握法要求球员用惯用手的中指、无名指与小指握住拍柄，拇指斜按在球拍正面边缘，食指自然伸直斜放于球拍反面靠近边缘的位置，并用虎口卡住球拍。

错误姿势

拇指伸得过长

食指距离边缘太远

● 直拍握法

标准的直拍握法要求球员用惯用手的拇指与食指扣住拍柄，剩余 3 根手指并拢且自然弯曲，轻轻托住球拍反面；拍柄的背面贴在虎口处。

错误姿势

拇指与食指距离过小

三指分开过大且伸直

3.2 引拍姿势与正、反手引拍

教学重点 让学生掌握正确的正、反手引拍动作。

教学难点 能够根据来球的性质与自己的意图，对引拍动作进行灵活的调整。

● 引拍姿势

肩膀
肩膀作为一个整体，同时向右转动，并且右肩自然下沉。

手臂
右臂向右后方引拍，肘关节自然弯曲。

腰部
腰部的转动幅度不宜过大，以腰椎为轴，带动手臂向右后方引拍。

膝关节
双腿屈膝，且右腿的屈膝程度更大，左膝相对放松。

双脚
右脚在后，重心压在右脚上，左脚外侧可以略微离地。

动作要领

引拍是挥拍击球前必不可少的准备动作。引拍时，身体向右转动，重心随之右移，并用腰部的转动带动右臂向右后方引拍。引拍的幅度可以根据来球的速度、弧线等因素来决定。

● 正手引拍

腰部向右转动，带动右臂向右后方引拍，重心随之右移。肘关节自然打开，避免上臂与前臂的夹角过小。

● 反手引拍

腰部向左转动，右肩自然下沉，重心随之左移，同时肘关节向内折叠，从身前引拍至左腹前方。

3.3 单步

教学重点 让学生掌握单步步法，并且能够运用单步步法移动到合适的位置击球。

教学难点 分清接哪些位置的来球适合使用单步步法进行移动。

移动时，以离球较远的腿为轴，前脚掌用力蹬地，转体，带动另一只脚向来球方向迈步，同时身体重心随之转移，最后压在移动的脚上。

向不同方向移动

POINT 动作特点

单步动作简单，移动范围较小，重心转换平缓。在来球与身体之间的距离在一步之内且角度不大时，一般会采用此种步法击球。

3.4 并步

教学重点 让学生掌握并步步法，并且能够运用并步步法移动到合适的位置击球。

教学难点 并步过程中，保持较低的抬脚高度，且双脚不能同时离地。

支撑脚

将靠近来球侧的脚作为支撑脚，另一只脚的前脚掌用力蹬地，向支撑脚并一步。

在离球较远的那只脚落地后，支撑脚向来球方向迈一步，移动到合适的位置击球。

3.5 跨步

| **教学重点** | 让学生掌握跨步步法，并且能够运用跨步步法移动到合适的位置击球。 |
| **教学难点** | 在跨步时保证身体整体动作的协调。 |

前脚掌蹬地

快速滑步跟上

正面

以离来球较远的腿为轴，前脚掌用力蹬地；离球较近的那条腿随之向来球方向跨出一大步，转身面向来球方向，身体重心随之移至跨步脚。同时，蹬地脚脚尖着地，快速滑动半步跟上。

跨步   滑步

3.6 跳步

教学重点 让学生掌握跳步步法，并且能够运用跳步步法移动到合适的位置击球。

教学难点 以较快的速度移动，并且能够使用跳步步法连续击球。

远离球侧的脚多发力

远离球侧的脚先落地

正面

双脚同时起跳离地，向来球方向跳去

跳步时，双脚同时用力蹬地起跳，向来球方向跳去，但要以离球较远的那只脚为主发力脚。腾空时，保证身体平稳移动。落地时，屈膝缓冲，先落地的脚快速蹬地，让身体重心回到两脚中间。

3.7 正交叉步

教学重点 让学生掌握正交叉步步法，并能运用正交叉步步法移动到合适的位置击球。

教学难点 加快移动速度，并且能在移动的过程中保持身体平衡。

上半身前倾

以右脚为轴，顺时针转身，腰部与髋部迅速向来球方向转动，重心随之移至右脚，左脚前脚掌内侧蹬地。

左脚从身前向右跨出一大步，形成正交叉步；右脚随之跃起，落在左脚的右后方。右脚落地后快速蹬地转身，在身体转回的过程中正手击球。

3.8 横拍正手平击发球

教学重点 让学生掌握正确的横拍正手平击发球技术，并保证发球质量。

教学难点 击球时，保证球拍角度正确，并使球落在规定范围内。

POINT 动作要点

● **站位**

站位近台，双脚分开，略比肩宽，左脚在前，右脚在后。

● **击球**

手臂内旋，使拍面略微前倾，在身体的右前方击球，摩擦球的中上部。

● **第一落点**

靠近己方球台端线。

左手将球向上抛起，同时向右转身，重心随之右移，带动右臂向右后方引拍。球从最高点落至稍高于球网的位置时迅速回身，右臂向左前方发力，在身体的右前方击球。击球后，继续向左前方挥拍，然后迅速还原。

3.9 横拍反手平击发球

教学重点 让学生掌握正确的横拍反手平击发球技术，并保证发球质量。

教学难点 击球时，保证球拍角度正确，并使球落在规定范围内。

POINT 动作要点

● **站位**
站位近台偏左的位置，含胸收腹，双脚平行开立，间距略比肩宽。

● **击球**
手臂外旋，使拍面略微前倾，在身体的前方击球，摩擦球的中上部。

● **第一落点**
靠近己方球台端线。

用左手将球向上抛起，同时身体略向左转，重心向左移动，右臂从身前向左后方引拍，直至球拍靠近左腹。球从最高点落至稍高于球网的位置时迅速回身，右臂向右前方发力，在身体前方击球。击球后，继续向右前上方挥拍，然后迅速还原。

3.10 横拍反手发短球

教学重点 让学生掌握正确的横拍反手发短球技术，并保证发球质量。

教学难点 能够正确运用低抛球法，并在正确的位置击球。

POINT 动作要点

● **站位**
站位近台，身体前倾，右脚在前。

● **抛球**
采用低抛球法，抛球时不宜抛得过高。

● **落点**
第一落点在球台中区，不要离球网太近；第二落点要落到对方台面上，不能出台。

左手将球向上低抛，同时略微向左转身，右臂向内折叠，向左后上方引拍至左肩上方，且拍面前倾。球从最高处落至低于球网的位置时回身，带动右臂向右前下方发力，击球的左侧中下部。击球后，继续向右前方挥拍，然后迅速还原。

3.11 横拍正手攻球

教学重点　让学生掌握正确的横拍正手攻球技术，并能在实战中应用。

教学难点　判断来球性质，能够在适当的时机运用横拍正手攻球技术。

POINT　动作要点

● **横拍正手攻球的特点**

站位近、动作小、球速快，且回球时可以利用来球的反弹力。

● **引拍**

引拍时，右臂略向内旋，肘关节自然打开，且球拍不能低于球台。

● **击球**

击球点在身体右前方。击球时，手腕保持相对固定，不要甩手腕。

根据来球路线移动到近台位置，然后左脚蹬地，向右转身，重心随之右移，带动右臂向右后方引拍。来球将要上升至最高点时，身体向左转动，右前臂向左前上方发力，在身体右前方击球的中上部。击球后顺势挥拍，然后迅速还原。

3.12 横拍反手攻球

教学重点 让学生掌握正确的横拍反手攻球技术，并能在实战中应用。

教学难点 根据来球路线，及时移动到中近台位置，并以正确的动作击球。

70 厘米左右

POINT 动作要点

● **站位**
站位在中近台，双脚平行开立。

● **引拍**
右臂内折，肘关节上提，手腕内收，使拍面前倾。

● **击球**
击球点在身前偏右的位置，以前臂发力为主，且击球以撞击为主，略带摩擦。

根据来球路线移动到中近台位置，向左转身，右臂向内折叠，向左下方引拍至左腹前方，同时肘关节前顶，手腕内勾，使拍面前倾。来球将要上升至最高点时，收腹转身，带动右臂从身前向右前上方发力，在身前偏右的位置击球。击球后顺势挥拍，然后迅速还原。

3.13 正手平挡

教学重点　让学生掌握正确的正手平挡技术，并能在实战中应用。

教学难点　控制击球力度，且击球时使拍面接近垂直。

POINT　动作要点

● **正手平挡的特点**

站位近、力量小、球速慢、旋转弱，是常用的防守技术。

● **击球**

在身体的斜前方击球的中部，前臂与手腕略微发力即可，主要利用来球的反弹力将球击回。

站在近台中间或偏左的位置，双脚开立，左脚在前。略微向右转身，引拍至身体的右前方，手臂自然弯曲，手腕内旋，使拍面接近垂直。在来球从台面弹起、不断上升时，回身，向前挥拍，在身体的右前方击球，将球向前推去。击球后顺势向前挥拍，然后迅速还原。

3.14 反手平挡

教学重点 让学生掌握正确的反手平挡技术，并能在实战中应用。

教学难点 保证引拍动作的正确性，并保证击球时拍面接近垂直。

POINT 动作要点

● **引拍**

右臂自然弯曲，使球拍移至身体前方，前臂外旋，使拍面接近垂直。

● **击球**

在胸部前方推击球的中部，击球时前臂与手腕轻轻发力即可，主要借助来球的反弹力将球击回。

站在近台中间或偏左的位置，双脚平行开立。略微向左转身，右臂向内折叠，引拍至身体的前方，前臂外旋，使拍面接近垂直。在来球从台面弹起、不断上升时，回身，向前挥拍，以接近垂直的拍形将球向前推去。击球后顺势向前挥拍，然后迅速还原。

3.15 横拍正手搓球

教学重点 让学生能够使用横拍正手搓球技术，正确回击短球和下旋球。

教学难点 正确分析来球，及时上步，且在移动时保证重心稳定。

POINT 动作要点

● **横拍正手搓球的特点**

力量小、出手快、球路变化多，球弹起后多落在台内，一般用于回击短球或近台与台内位置的下旋球。

● **上步**

上步时，身体前迎，重心也要及时跟上，在击球时保持稳定。

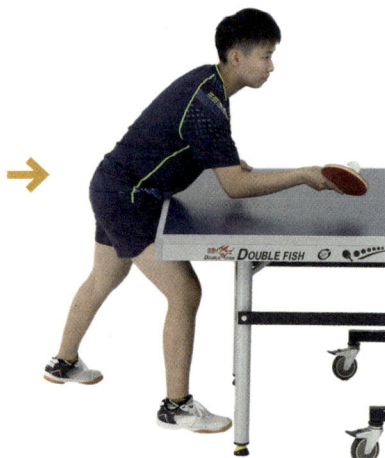

移动到近台位置，右腿向前上步，并将重心压在右腿上，同时右臂向后上方引拍，手腕略向外旋，使拍面后仰。右臂前伸，向前下方挥拍，在身体的右前方用球拍的下半部分摩擦球的中下部。击球后，顺势小幅度地向前挥拍，然后迅速还原。

3.16 横拍反手搓球

教学重点 让学生能够使用横拍反手搓球技术，正确回击短球和下旋球。

教学难点 保证引拍动作的准确性，并能够借力发力。

POINT 动作要点

● **上步**

上步时，重心要随之转移，身体前倾，靠近来球。

● **击球**

拍面后仰，球拍向前下方搓去。击球时要注意借力发力，摩擦球的中下部，且力量要集中。

移动到近台位置，右腿向前上步，并将重心压在右腿上，同时右臂向内折叠，手腕内旋，向左后方引拍至胸前。右臂前伸，以肘关节为支点，前臂向右下方摆动，在身前搓球。搓球后，顺势小幅度地向前挥拍，然后迅速还原。

第4章

乒乓球组织训练方法

在训练过程中，教师可以组织小型的组间比赛来提高学生的训练兴趣和注意力。分组时，要注意将水平相近的学生尽量分在一组，一轮训练之后可以调整分组，以保持学生的新鲜感，调动学生的积极性。整个训练环节时长建议控制在 16 ～ 25 分钟之间，其间，教师可灵活调整教学内容，如根据需要增加技术动作讲解等。在组织训练中，教师要时刻关注学生的安全，提醒学生集中注意力，以避免受伤。

4.1 横拍双面交替颠球

组织方法

在平坦的空地上，学生面向教师，分散站好。

👤 分组进行，每组 8 ~ 16 人

⏱ 16~25 分钟

🏓 每人各持一个球拍与一个乒乓球

训练步骤

1. 学生双脚分开，与肩同宽，右手以横拍握法握拍，使拍面水平并使球拍正面朝上，左手举球置于球拍上方。

2. 学生听到教师发出的开始口令后，松开左手，让球垂直落下，然后向上挥拍，在腹部前方击球。之后，手腕向内翻转，让球拍反面朝上，在球下落至腹前时向上挥拍。交替使用球拍的正面、反面颠球。

4.2 两人对颠球

组织方法

👤 两人一组

在平坦的空地上，同组的两名学生面对面站立。

⏱ 16~25 分钟

▭ 每组两个球拍与一个乒乓球

训练步骤

1. 同组的两名学生面对面站立，两人相距 1.5 米左右，并用自己擅长的握法正确握拍，分别准备发球和击球。

2. 教师下达开始口令后，持球的学生发球给对方，另一人将球击回，发球方再将球击回，进行持续的对颠球练习。颠球练习 16~25 分钟后，训练结束。

4.3 单步"接龙"游戏

组织方法

在乒乓球场地内，每组各占一张球台。

👤 5人一组

⏱ 16~25 分钟

🔲 每组 5 个球拍与数个乒乓球

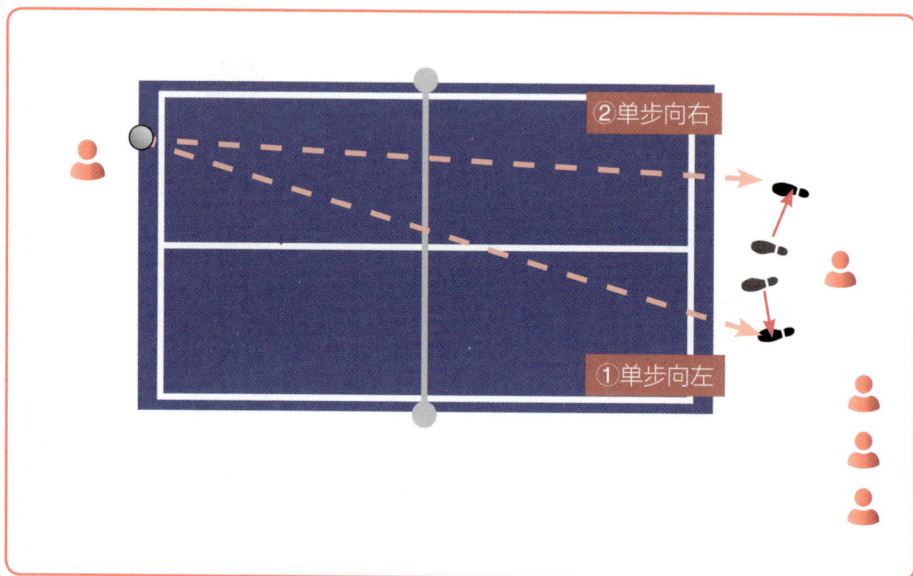

②单步向右

①单步向左

训练步骤

1. 教师带领学生进行不同方向的单步训练，让学生熟悉单步步法。

2. 将学生分成 5 人一组，每组各占一张球台，并选出技术较好的学生作为组长；组长站在球台的一侧，其他组员站在对侧并排成纵队站好。

3. 组长发球，首先将球发至组员的左侧，让其运用单步步法向左移动一步击球，击球后组员要迅速回到初始位置。之后，组长将球发至组员的右侧，让其运用单步步法向右移动一步击球。完成两次击球后，组员迅速跑到队尾，由下一名组员击球。组内循环进行击球，组间进行计数比赛，如果有组员没有击到球，该组停止计数，活动进行 16~25 分钟，击球次数最多的组获胜。

4.4 移步换球

组织方法

在乒乓球场地内，让两张球台相隔 3~4 米。

👤 分组进行，每组 8~16 人

⏱ 16~25 分钟

🗑 两个盆与数个乒乓球

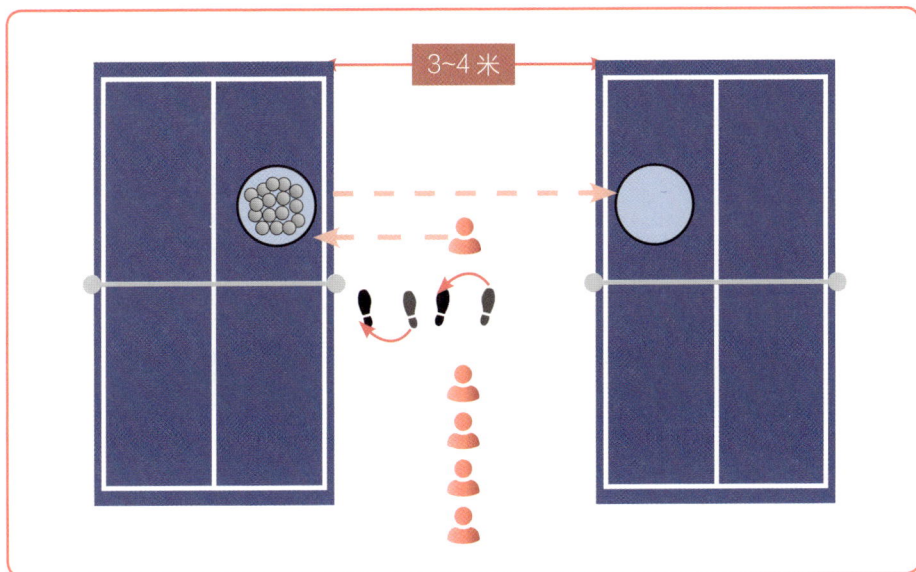

训练步骤

1. 教师带领学生进行左右的并步训练，让学生熟悉并步步法。

2. 将学生分成 8~16 人一组，每组各两张球台，两张球台上各放一个盆，其中一个盆内放 15~20 个乒乓球，另一个盆内不放球，学生站在两张球台的中间。

3. 在教师下达开始口令后，学生使用并步步法移动到盆内放有乒乓球的球台那一侧，拿一个球后，再使用并步步法向另一侧移动，将球放入空盆内。每次只能转移一个球，直至把所有球转移至空盆内。教师记录每名学生所用的时间，用时最短的学生获胜。

4.5 跨步"接龙"游戏

组织方法

在乒乓球场地内，每组各占一张球台。

👤 5 人一组

⏱ 16~25 分钟

🎫 每组 5 个球拍与数个乒乓球

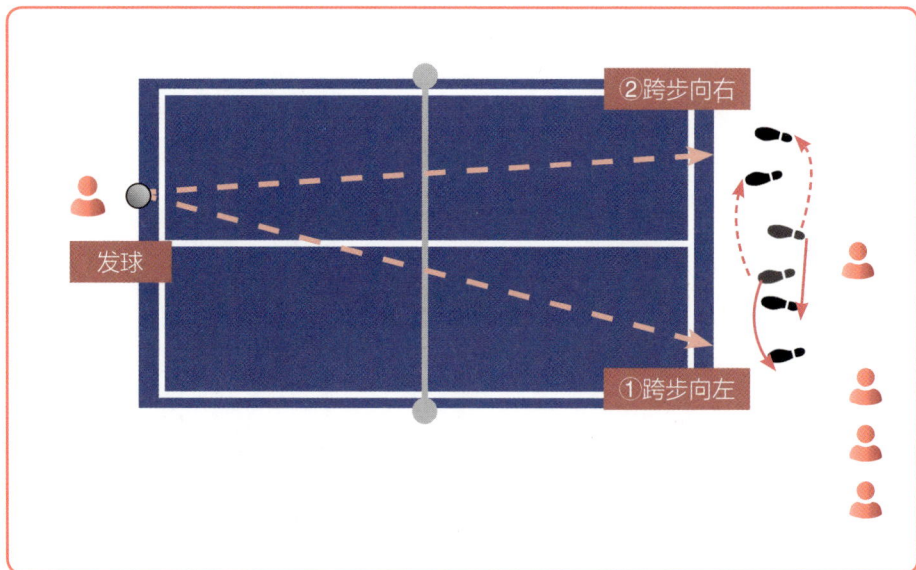

发球

②跨步向右

①跨步向左

训练步骤

1. 教师带领学生进行左右跨步训练，让学生熟悉跨步步法。

2. 将学生分成 5 人一组，每组各占一张球台，并选出技术较好的学生作为组长；组长站在球台的一侧，其他组员在对面排成一列纵队站好。

3. 组长发球，首先将球发至组员的左侧，让其运用跨步步法向左移动一步击球，击球后组员要迅速回到初始位置。之后，组长将球发至组员的右侧，让其运用跨步步法向右移动一步击球。完成两次击球后，组员迅速跑到队尾，由下一名组员击球。组内循环进行击球，组间进行计数比赛，如果有队员没有击到球，该组停止计数，最后接球次数最多的组获胜。

4.6 左右跳步训练

组织方法

在乒乓球场地内，每组各占一张球台。

👤 10 人一组

⏱ 16~25 分钟

▬ 每组 10 个球拍与数个乒乓球

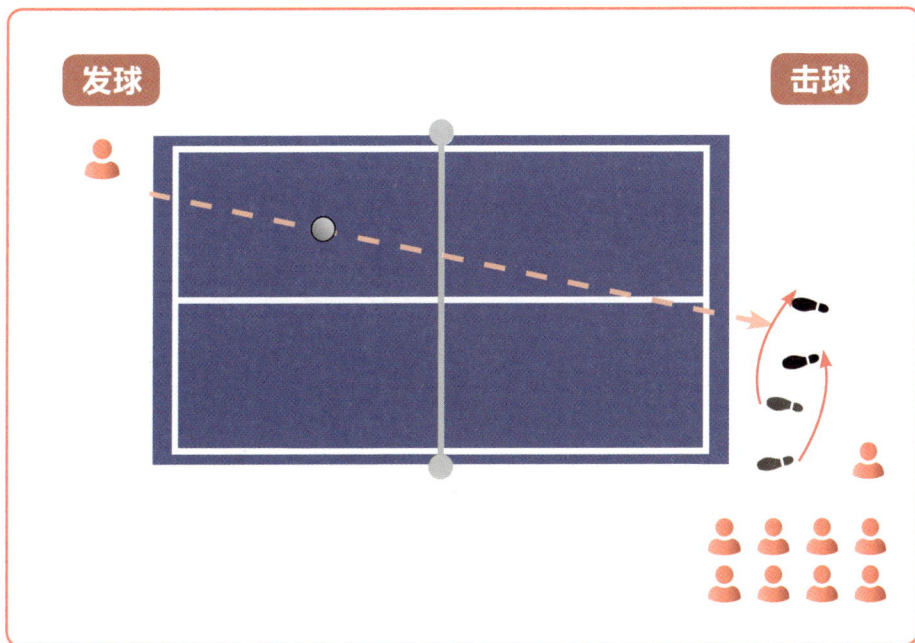

发球　　击球

训练步骤

1. 教师带领学生进行左右跳步训练，让学生熟悉跳步步法。

2. 将学生分成 10 人一组，每组各占一张球台，并选出技术较好的学生作为组长；组长站在球台的一侧，其他组员在对面排队站好。

3. 组长发球，组员依次进行左右跳步击球练习，使用跳步步法移动到合适的位置，挥拍击球，然后迅速离开，为下一名同学让出移动空间。

4.7 移球积分赛

组织方法

在乒乓球场地内，学生分别站在球台两侧。

👤 将学生分成人数相等的两组

⏱ 16~25 分钟

▭ 4 个盆与数个乒乓球

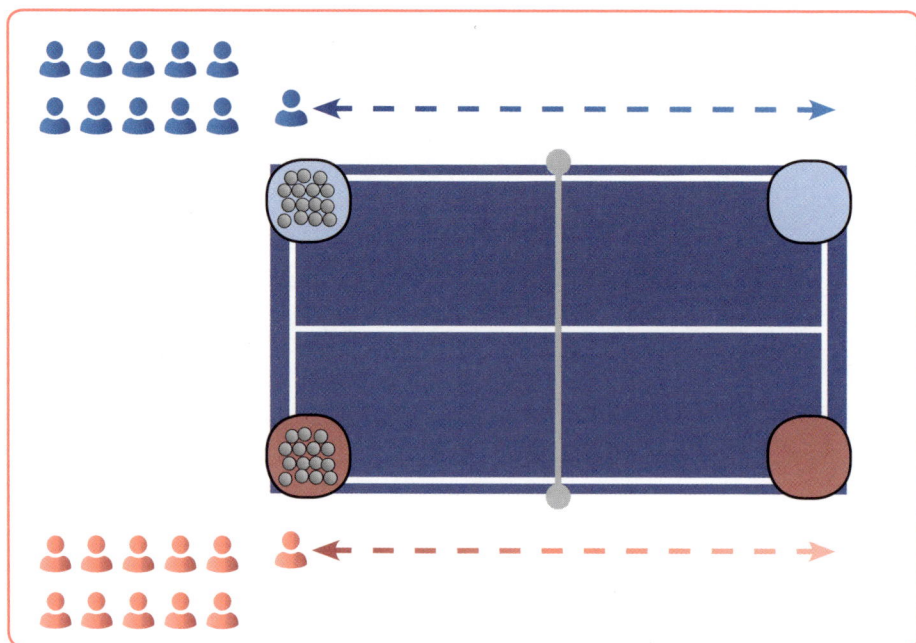

训练步骤

1. 教师带领学生进行各种步法的训练，让学生熟悉各种步法。

2. 在球台一侧的两个桌角处的盆里各放 15 个乒乓球，另一侧的盆里不放球。之后将学生分成人数相等的两组，每组派出一名组员，二人面对面站在球台的边线侧。

3. 在教师下达开始口令后，组员开始移动，将乒乓球转移到另一端的空盆内，其间可以灵活运用并步、跳步、正交叉步等步法，更快转移完所有乒乓球的队员计 1 分。所有组员依次比拼，最后累计得分最高的队伍获胜。

4.8 "击准王" 游戏

组织方法

在乒乓球场地内，每组各占一张球台。

👤 将学生分成人数相等的两组

⏱️ 16~25 分钟

🏓 数个球拍与乒乓球

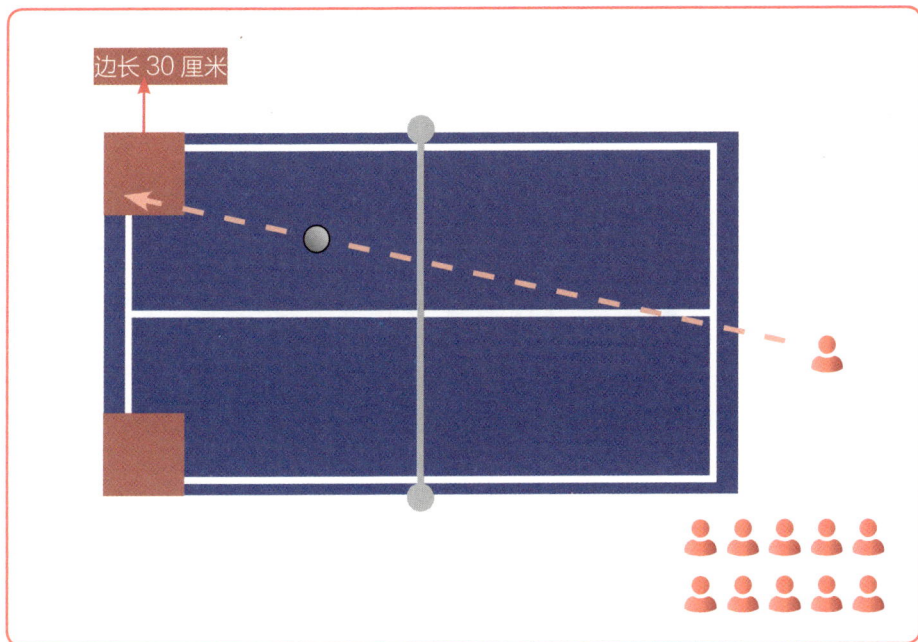

边长 30 厘米

训练步骤

1. 教师带领学生练习横拍正手平击发球技术，让学生熟悉此发球技术。

2. 在球台一侧的两个角上各画一个边长为 30 厘米的正方形，之后将学生分成人数相等的两组，每组各占一张球台，并在球台的另一侧排队站好。

3. 组员使用横拍正手平击发球技术发球，如果发球的落点在正方形内，则计 1 分。每人有 10 次发球机会，所有人依次完成发球后，得分最多的组员为"击准王"。

4.9 击球入筐

组织方法

在乒乓球场地内，每组各占一张球台。

👤 10 人一组

⏱ 16~25 分钟

▭ 每组 10 个球拍与数个乒乓球

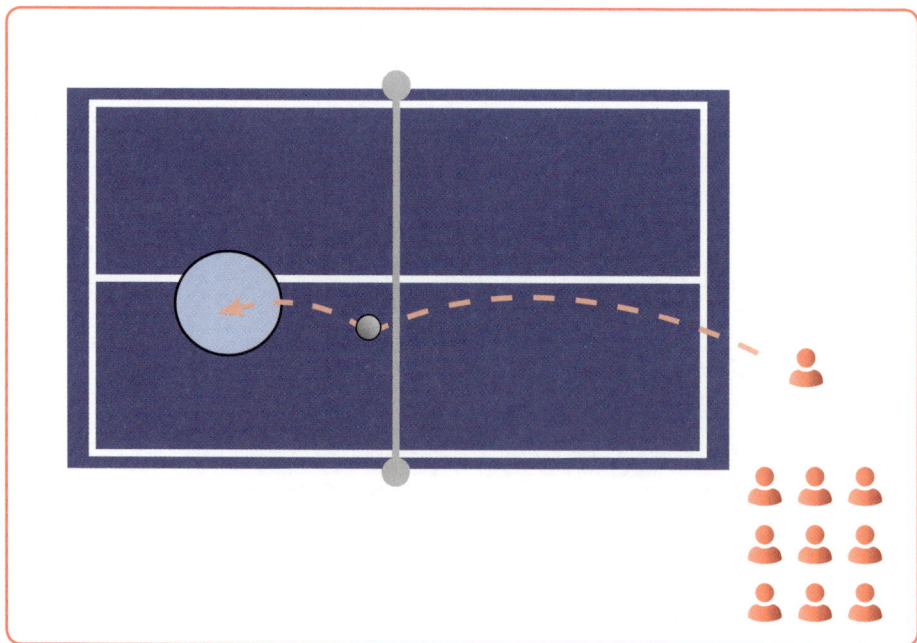

训练步骤

1. 教师带领学生练习横拍反手平击发球技术，让学生熟悉此发球技术。

2. 将学生分成 10 人一组，每组各占一张球台。各组学生排队站在球台的一侧，并在对侧球台上放一个筐。

3. 队员站在规定位置，使用横拍反手平击发球技术发球，瞄准筐，让乒乓球可以在球台上弹起后落入筐内。每人有 5 次发球机会，所有人依次完成发球后，落入筐内的乒乓球数最多的队伍获胜。

4.10 击球积分赛

组织方法

在乒乓球场地内，每组各占一张球台。

👤 将学生分成人数相同的两组

⏱ 16~25 分钟

🔲 数个球拍与乒乓球

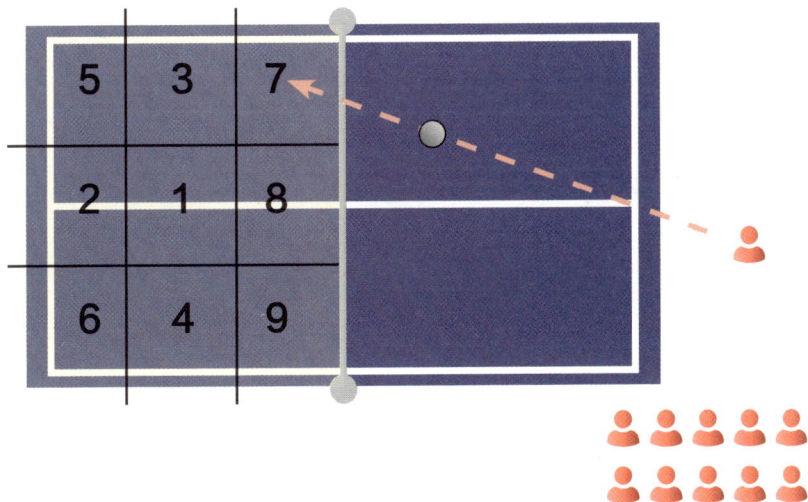

训练步骤

1. 教师带领学生练习横拍反手发短球技术，让学生熟悉此发球技术。

2. 将球台一侧划分为九宫格，每一格分别对应 1~9 分。之后将学生分成人数相等的两组，每组各占一张球台，并在球台的另一侧排队站好。

3. 每组派出一名组员站在球台一侧，灵活使用横拍正手平击发球、横拍反手平击发球和横拍反手发短球等发球技术发球，发球后球在对侧台面的第一落点在哪个格内，该组便获得相应的分数。每人仅有一次发球机会，依次发球，直至全部组员完成发球，最后累计分数最高的队伍获胜。

4.11 横拍正手攻球练习

组织方法

👤 两人一组

学生面对墙壁，
在平地上站好，
且每组各占一张
球台。

⏱ 16~25 分钟

🔋 每组两个球拍与数个乒乓球

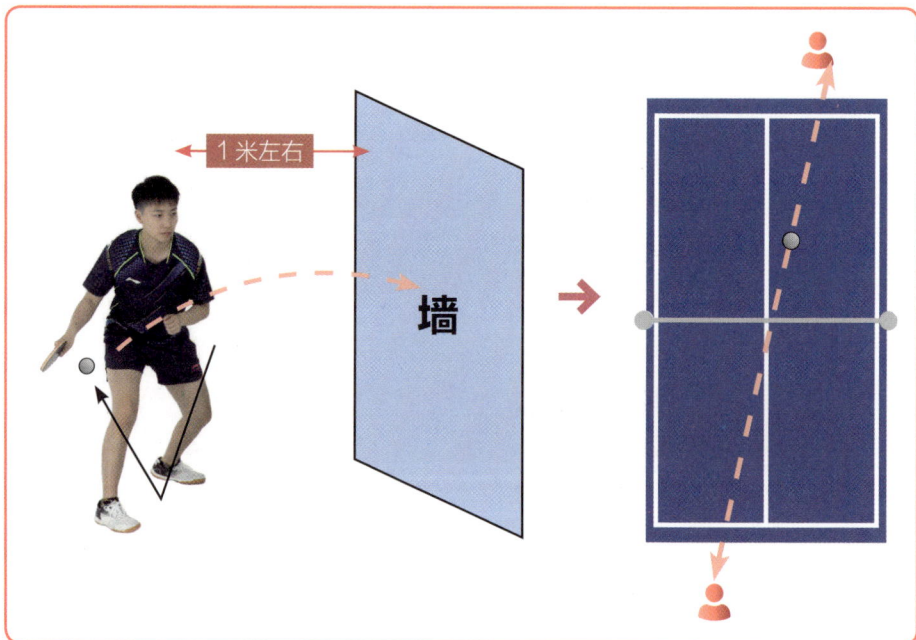

1 米左右

墙

训练步骤

1. 教师带领学生练习横拍正手攻球技术，让学生熟悉该技术。

2. 每两名学生为一组，面对墙壁站好，且距离墙壁 1 米左右。注意，学生之间要保持适当的距离。

3. 在教师下达开始口令后，学生将球向地面扔去，在球弹起至合适的高度时，采用横拍正手攻球技术将球打向墙面。练习 5 分钟后，同组的两人在球台上对打，15 分钟内使用横拍正手攻球技术进行对打。

4.12 横拍反手攻球练习

组织方法

面对墙壁，在平地上站好，且每组各占一张球台。

👤 两人一组

⏱ 16~25 分钟

🧰 每组两个球拍与数个乒乓球

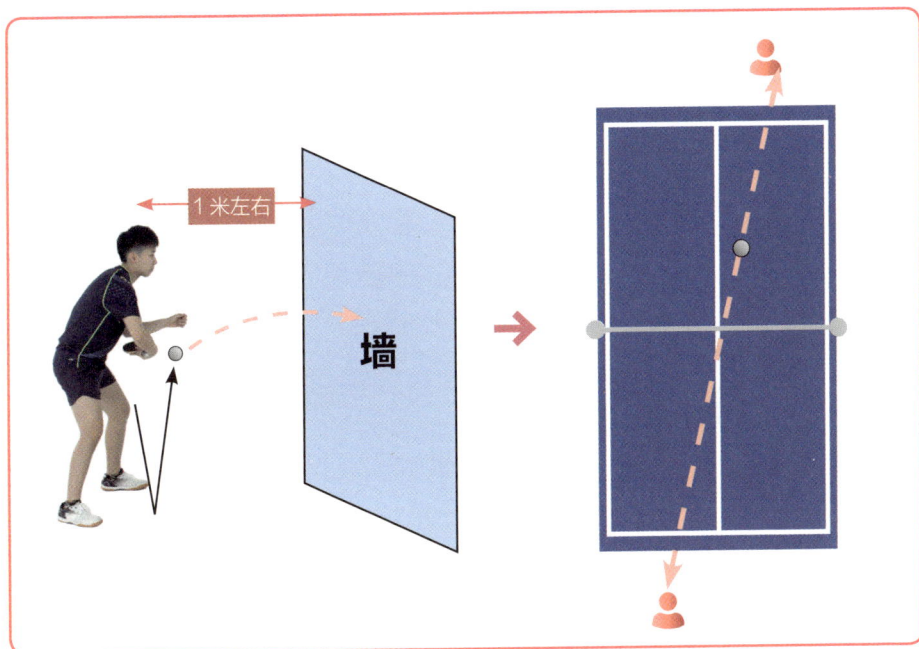

1 米左右

墙

训练步骤

1. 教师带领学生练习横拍反手攻球技术，让学生熟悉该技术。

2. 每两名学生为一组，面对墙壁站好，且距离墙壁 1 米左右。注意，学生之间要保持适当的距离。

3. 在教师下达开始口令后，学生将球向地面扔去，在球弹起至合适的高度时，采用横拍反手攻球技术将球打向墙面。练习 5 分钟后，同组的两人在球台上对打，15 分钟内交替使用横拍正、反手攻球技术进行对打。

4.13 正手平挡练习

组织方法

面对墙壁，在平地上站好。

👤 两人一组

⏱️ 16~25 分钟

🏓 每组两个球拍与数个乒乓球

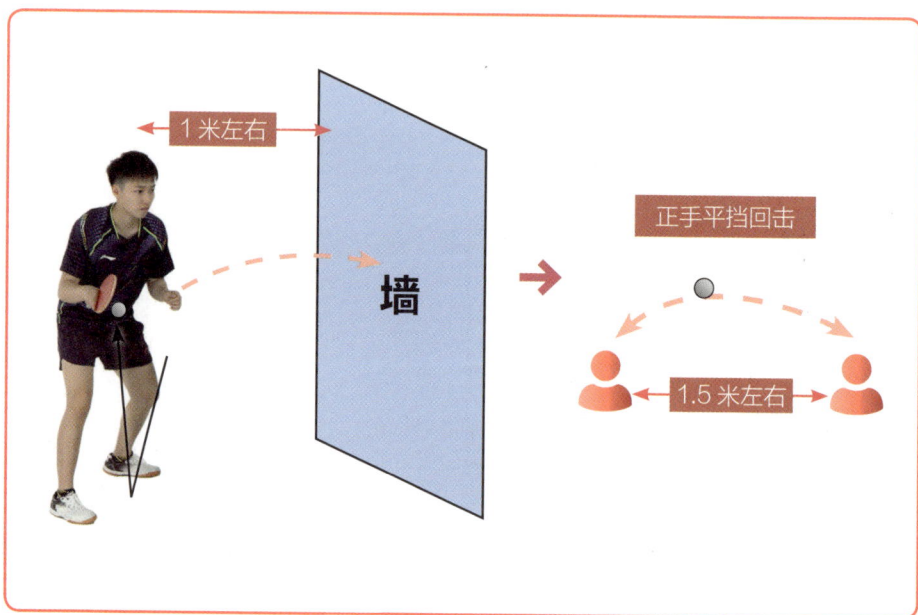

1 米左右

墙

正手平挡回击

1.5 米左右

训练步骤

1. 教师带领学生练习正手平挡技术，让学生熟悉该技术。

2. 每两名学生为一组，面对墙壁站好，且距离墙壁 1 米左右。注意，学生之间要保持适当的距离。

3. 在教师下达开始口令后，学生将球向地面扔去，在球弹起至合适的高度时，采用正手平挡技术将球打向墙面。练习 5 分钟后，同组的两人面对面站好，间距 1.5 米左右，再进行空中对挡球练习，对挡球练习中均用正手平挡动作将球击回。

4.14 反手平挡接力赛

组织方法

在平地上，学生面对面错位站好。

👤 将学生分成人数相同的两组

⏱ 16~25 分钟

🏓 数个球拍与乒乓球

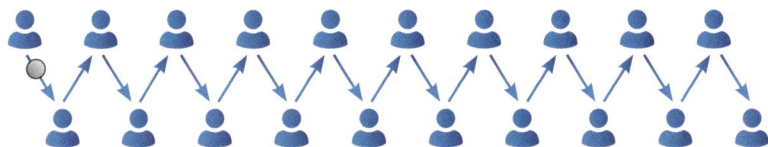

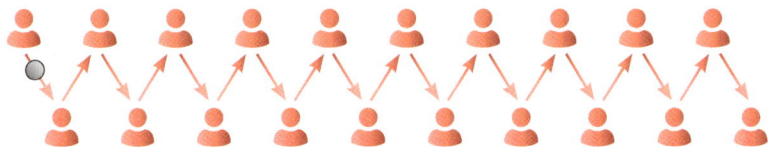

训练步骤

1. 教师带领学生练习反手平挡技术，让学生熟悉该技术。

2. 将学生分成人数相等的两组，然后再让各组的组员站成两列（面对面错位站立），并且每人持一球拍。

3. 教师下达开始口令后，最左侧的组员开始发球，其左前方的组员使用反手平挡技术将球击向自己右前方的组员，依次类推，最先将球传至最右侧的组获胜。其间，如果有组员未接到球，则需从最左侧重新开始传球。也可以采取三局两胜制，正手平挡一局、反手平挡一局、不限正反手一局。

4.15 团队乒乓球接力赛

组织方法

在乒乓球场地内，学生分别站在球台的两侧。

👤 将学生分成人数相等的两组

⏱ 16~25 分钟

🔲 每组两个球拍与数个乒乓球

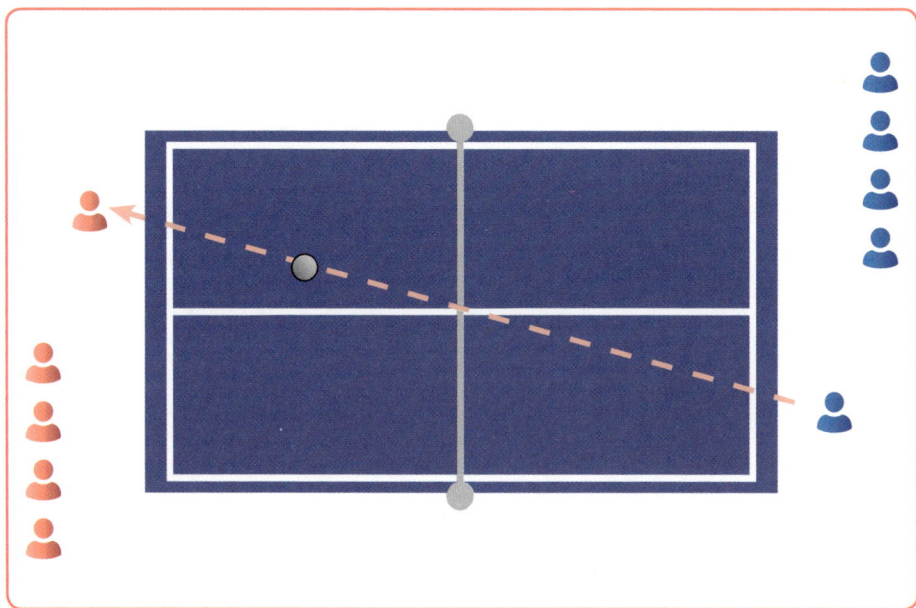

训练步骤

1. 教师带领学生练习横拍正手搓球技术，让学生熟悉该技术。

2. 将学生分成人数相等的两组，两组分别排成一排站在球台两侧，且为每组提供两个球拍。

3. 站在队首的组员发球，发完球后立即离开，后面的组员迅速上前回击对面的来球，之后也马上离开，依次循环，如果中途有人接球失败，则需回到己方队尾，并将球交于对方组，由对方下一名组员发球。组内所有成员最先完成接球或发球的组获胜。其间，组员可以综合运用之前学过的横拍正、反手发球、击球技术。

4.16 擂台赛

组织方法

在乒乓球场地内，每组各占一张球台。

👤 将学生分成人数相同的两组

⏱ 16~25 分钟

🔲 数个球拍与乒乓球

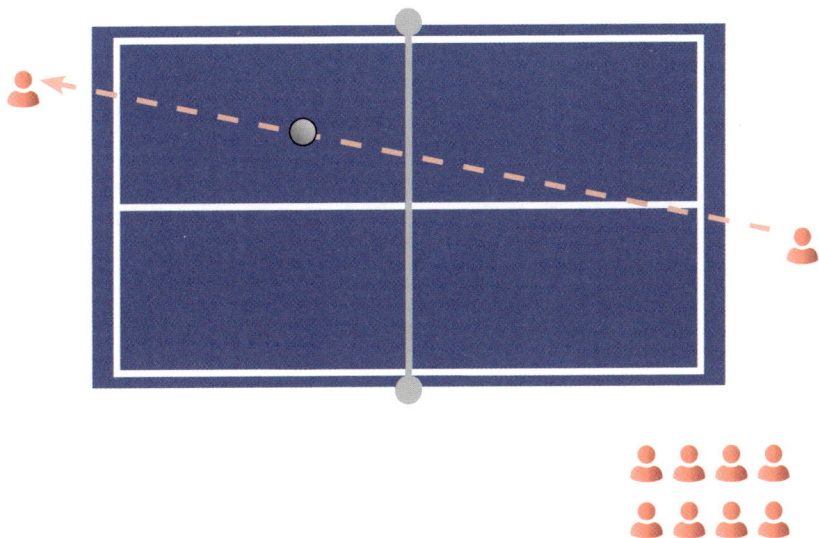

训练步骤

1. 教师带领学生练习横拍反手搓球技术，让学生熟悉该技术。

2. 将学生分成人数相等的两组，每组各占一张球台，然后分发球拍和乒乓球。

3. 组内进行擂台赛，先由任意两名组员进行比赛，未成功接到球的组员下场，获胜者成为擂主，并按顺序与其他组员对阵，直至新擂主产生。在所有组员都参加过比赛后，最后的擂主为获胜者。其间，组员可以综合运用之前学过的横拍正反手发球、击球技术等，以获得胜利。

第 5 章

课程组织方案

第 1 课

■ **教学目标** 让学生掌握正确的准备动作及握拍方法，为之后的乒乓球技术学习打下坚实的基础

■ **教学重点** 培养学生的球感，让其熟悉打乒乓球的发力方式

■ **器材准备** 乒乓球拍及乒乓球若干

A. 热身方案
按顺序做以下 6 个动作，完成热身。 ⏱ 8~10 分钟

动作	重复次数 / 保持时间 / 行进距离	页码
1 对侧肘碰膝垫步跳	30 次（左右算一次）	详情见 P11
2 站姿 - T 字	20~30 次	详情见 P6
3 开合跳	30 次	详情见 P8
4 向后弓步 + 旋转	8~10 次（左右算一次）	详情见 P9
5 俯卧登山步	30 次（左右算一次）	详情见 P21
6 毛毛虫爬	8~10 次 /8~10 米	详情见 P15

B. 技术教学：基本站姿与握拍方法 ⏱ 8~15 分钟

基本站姿

横拍握法

直拍握法

1. 分别讲解并示范基本站姿、横拍握法、与直拍握法。

2. 强调每个动作的技术要点。

3. 指导学生进行模仿练习，根据人数分组练习。

4. 对学生的动作进行点评与纠正。

动作详情见 P47~48

C. 组织训练：横拍双面交替颠球　⏱ 16~25 分钟

1. 教师将学生组织到一起，详细讲解训练内容与注意事项，并将球拍和乒乓球分发给每一名学生。

2. 学生们在平坦的空地上站好，保证每名学生之间有一定的距离，用横拍握法握拍，并做好准备颠球动作。教师下达开始口令后，学生进行双面交替颠球。

训练详情见 P66

D. 放松活动　按顺序做以下 6 个动作，完成放松。　⏱ 8~10 分钟

	动作	重复次数 / 保持时间 / 行进距离	页码
1	三角肌前束 –向后伸展上提	15~30 秒	详情见 P31
2	屈伸手腕	左右两侧各 15~30 秒	详情见 P30
3	半跪姿股四头肌拉伸	左右两侧各 15~30 秒	详情见 P34
4	站姿股四头肌拉伸（静态）	左右两侧各 15~30 秒	详情见 P45
5	单腿屈髋（静态）	左右两侧各 15~30 秒	详情见 P44
6	坐式主动拉伸	15~30 秒	详情见 P32

第 2 课

- **教学目标** 让学生学会正确地回击来球，并逐步掌握控制球的落点
- **教学重点** 培养学生回击来球的球感
- **器材准备** 乒乓球拍及乒乓球若干

A. 热身方案

按顺序做以下 6 个动作，完成热身。 ⏱ 8~10 分钟

	动作	重复次数 / 保持时间 / 行进距离	页码
1	垫步直臂绕环	30 次	详情见 P27
2	站姿－Y 字	20~30 次	详情见 P16
3	十字象限跳	10 次（前后左右算一次）	详情见 P24
4	站姿股四头肌拉伸（动态）	8~10 次（左右算一次）	详情见 P45
5	对侧肘碰膝垫步跳	30 次（左右算一次）	详情见 P11
6	最伟大拉伸	8~10 次（左右算一次）	详情见 P12

B. 技术教学：引拍姿势与正、反手引拍 ⏱ 8~15 分钟

正手引拍

反手引拍

1. 讲解并示范准确的正、反手引拍动作。

2. 强调正、反手引拍各自的要点与二者间的不同。

3. 指导学生进行模仿练习，可以根据人数分组练习。

4. 对学生的动作进行点评与纠正。

动作详情见 P49~50

C. 组织训练： 两人对颠球　⏱ 16~25 分钟

1.教师将学生组织到一起，详细讲解训练内容与注意事项。之后每两名学生为一组，每组分发两个球拍与一个乒乓球。

2.同组的两名学生面对面站立，两人相距 1.5 米左右，分别以自己擅长的握法正确方式握拍，分别准备发球和击球。教师下达开始口令后，学生进行对颠球练习，颠球练习 16~25 分钟后，训练结束。

训练详情见 P67

D. 放松活动　按顺序做以下 6 个动作，完成放松。　⏱ 8~10 分钟

动作	重复次数 / 保持时间 / 行进距离	页码
1 屈伸手腕	左右两侧各 15~30 秒	详情见 P30
2 三角肌前束 –向后伸展上提	15~30 秒	详情见 P31
3 侧卧股四头肌拉伸	左右两侧各 15~30 秒	详情见 P37
4 坐姿体前屈	15~30 秒	详情见 P43
5 坐式主动拉伸	15~30 秒	详情见 P32
6 腓肠肌拉伸	左右两侧各 15~30 秒	详情见 P33

第 3 课

- **教学目标** 让学生学会正确的单步步法，并可以利用单步步法移动到合适的位置击球
- **教学重点** 培养学生灵活、快速、准确移动的能力
- **器材准备** 乒乓球拍及乒乓球若干

A. 热身方案

按顺序做以下 6 个动作，完成热身。 ⏱ 8~10 分钟

动作	重复次数 / 保持时间 / 行进距离	页码
1 振臂跳	30 次（左右算一次）	详情见 P10
2 向后弓步 + 旋转	8~10 次（左右算一次）	详情见 P9
3 屈髋外展跳	30 次（左右算一次）	详情见 P18
4 最伟大拉伸	8~10 次（左右算一次）	详情见 P12
5 碎步跑	30~60 秒 /20~30 米	详情见 P7
6 站姿 - W 字	20~30 次	详情见 P17

B. 技术教学：单步

⏱ 8~15 分钟

1. 讲解并示范使用单步步法向不同方向移动。

2. 说明单步步法适合在何种情况下使用，并强调它的特点。

3. 指导学生进行练习，可根据人数分组练习。

4. 对学生的动作进行点评与纠正。

动作详情见 P51

C. 组织训练： 单步"接龙"游戏 ⏱ 16~25 分钟

1. 教师将学生组织到一起，详细讲解训练内容与注意事项。之后每 5 名学生分为一组，每组各占一张球台。

2. 选出技术较好的同学作为组长；组长站在球台的一侧，组员排成一列纵队站在球台的另一侧。由组长发球，组员使用单步步法移动到合适的位置击球。组间进行计数比赛，如果有组员没有击到球，该组停止计数，游戏进行 16~25 分钟，击球次数最多的组获胜。

训练详情见 P68

D. 放松活动　按顺序做以下 6 个动作，完成放松。 ⏱ 8~10 分钟

动作	重复次数 / 保持时间 / 行进距离	页码
1 屈伸手腕	左右两侧各 15~30 秒	详情见 P30
2 三角肌前束 –向后伸展上提	15~30 秒	详情见 P31
3 菱形肌拉伸	15~30 秒	详情见 P40
4 侧卧股四头肌拉伸	左右两侧各 15~30 秒	详情见 P37
5 单腿屈髋（静态）	左右两侧各 15~30 秒	详情见 P44
6 猫狗式 –胸椎伸展	8~10 次	详情见 P36

第 4 课

- **教学目标** 让学生学会正确的并步步法，并可以利用并步步法移动到合适的位置击球
- **教学重点** 培养学生灵活、快速、准确移动的能力
- **器材准备** 盆及乒乓球若干

A. 热身方案

按顺序做以下 6 个动作，完成热身。 ⏱ 8~10 分钟

动作	重复次数 / 保持时间 / 行进距离	页码
1 垫步直臂环绕	30 次	详情见 P27
2 站姿－T 字	20~30 次	详情见 P6
3 十字象限跳	10 次（前后左右算一次）	详情见 P24
4 单腿屈髋（动态）	8~10 次（左右算一次）	详情见 P44
5 侧滑步	30~60 秒 /20~30 米	详情见 P28
6 侧弓步 + 体前屈	8~10 次（左右算一次）	详情见 P25

B. 技术教学：并步

⏱ 8~15 分钟

1. 讲解并示范并步的分解和连贯动作。
2. 说明动作要点。
3. 指导学生进行练习，可以根据人数分组练习。
4. 对学生的动作进行点评与纠正。

动作详情见 P52

C. 组织训练：移步换球　⏱ 16~25 分钟

1. 教师将学生组织到一起，详细讲解训练内容与注意事项。让两张球台相隔 3~4 米，每张球台上各放一个盆，其中一个盆内放 15~20 个乒乓球，另一个盆内不放球。

2. 将学生分成 8~16 人一组，每组各两张球台，学生站在两张球台的中间，在教师下达开始口令后，使用并步的方法在两张球台之间移动，将盆内的乒乓球转移到另一个盆内，直至将乒乓球全部转移完。教师记录每名学生的完成用时，用时最短的学生获胜。

训练详情见 P69

D. 放松活动　按顺序做以下 6 个动作，完成放松。　⏱ 8~10 分钟

动作	重复次数 / 保持时间 / 行进距离	页码
1　屈伸手腕	左右两侧各 15~30 秒	详情见 P30
2　三角肌前束 - 向后伸展上提	15~30 秒	详情见 P31
3　手臂后伸屈肘后推	左右两侧各 15~30 秒	详情见 P39
4　侧卧股四头肌拉伸	左右两侧各 15~30 秒	详情见 P37
5　一字马拉伸内收肌	15~30 秒	详情见 P41
6　腓肠肌拉伸	左右两侧各 15~30 秒	详情见 P33

第 5 课

- **教学目标** 让学生学会正确的跨步步法，并可以利用跨步步法移动到合适的位置击球
- **教学重点** 培养学生灵活、快速、准确移动的能力
- **器材准备** 乒乓球拍及乒乓球若干

A. 热身方案

按顺序做以下 6 个动作，完成热身。 ⏱ 8~10 分钟

动作	重复次数 / 保持时间 / 行进距离	页码
1 屈髋外展跳	30 次（左右算一次）	详情见 P18
2 站姿 - Y 字	20~30 次	详情见 P16
3 弓步跳	10~15 次（左右算一次）	详情见 P23
4 向后弓步 + 旋转	8~10 次（左右算一次）	详情见 P9
5 侧滑步	30~60 秒 /20~30 米	详情见 P28
6 毛毛虫爬	8~10 次 /8~10 米	详情见 P15

1  2  3  4  5  6

B. 技术教学：跨步

⏱ 8~15 分钟

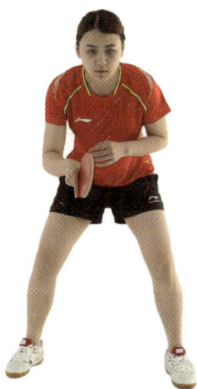 →

1. 讲解并示范跨步到不同位置击球的动作。
2. 说明动作要点。
3. 指导学生进行练习，可以根据人数分组练习。
4. 对学生的动作进行点评与纠正。

动作详情见 P53

C. 组织训练：跨步 "接龙" 游戏 ⏱ 16~25 分钟

1. 教师将学生组织到一起，详细讲解训练内容与注意事项。之后每 5 名学生为一组，分发球拍与乒乓球，并让每组各占一张球台。

2. 选出技术较好的同学作为组长；组长站在球台的一侧，组员排成一列纵队站在另一侧。由组长发球，组员利用跨步步法移动到合适的位置击球。其间进行计数比赛，如果有组员没有击到球，则该组停止计数，最后击球次数最多的组胜出。

训练详情见 P70

D. 放松活动 按顺序做以下 6 个动作，完成放松。 ⏱ 8~10 分钟

动作	重复次数 / 保持时间 / 行进距离	页码
1 屈伸手腕	左右两侧各 15~30 秒	详情见 P30
2 手臂后伸屈肘后推	左右两侧各 15~30 秒	详情见 P39
3 三角肌前束 -向后伸展上提	15~30 秒	详情见 P31
4 侧卧股四头肌拉伸	左右两侧各 15~30 秒	详情见 P37
5 坐姿体前屈	15~30 秒	详情见 P43
6 坐式主动拉伸	15~30 秒	详情见 P32

第6课

- **教学目标** 让学生学会正确的跳步步法，并可以利用跳步步法移动到合适的位置击球
- **教学重点** 培养学生灵活、快速、准确移动的能力
- **器材准备** 乒乓球拍及乒乓球若干

A. 热身方案

按顺序做以下6个动作，完成热身。 ⏱ 8~10分钟

	动作	重复次数 / 保持时间 / 行进距离	页码
1	振臂跳	30次（左右算一次）	详情见 P10
2	向后弓步 + 旋转	8~10次（左右算一次）	详情见 P9
3	弓步跳	10~15次（左右算一次）	详情见 P23
4	燕式平衡 + 体前屈	8~10次（左右算一次）	详情见 P26
5	碎步跑	30~60秒 /20~30米	详情见 P7
6	站姿 –W字	20~30次	详情见 P17

B. 技术教学：跳步

⏱ 8~15分钟

1. 讲解并示范跳步的分解和连贯动作。
2. 说明动作要点。
3. 指导学生进行练习，可以根据人数分组练习。
4. 对学生的动作进行点评与纠正。

动作详情见 P54

C. 组织训练：左右跳步训练　⏱ 16~25 分钟

1. 教师将学生组织到一起，详细讲解训练内容与注意事项。之后每 10 名学生为一组，分发球拍与乒乓球，并让每组各占一张球台。

2. 选出技术较好的同学作为组长；组长站在球台的一侧，其他组员站在球台的另一侧，并排队站好。在教师下达开始口令后，组长开始发球，组员依次使用左右跳步步法移动到合适的位置击球。

训练详情见 P71

D. 放松活动　按顺序做以下 6 个动作，完成放松。　⏱ 8~10 分钟

动作	重复次数 / 保持时间 / 行进距离	页码
1 屈伸手腕	左右两侧各 15~30 秒	详情见 P30
2 三角肌前束 –向后伸展上提	15~30 秒	详情见 P31
3 手臂后伸屈肘后推	左右两侧各 15~30 秒	详情见 P39
4 半跪姿股四头肌拉伸	左右两侧各 15~30 秒	详情见 P34
5 4 字拉伸	左右两侧各 15~30 秒	详情见 P38
6 腓肠肌拉伸	左右两侧各 15~30 秒	详情见 P33

第7课

- **教学目标** 让学生学会正确的正交叉步步法，并且能够在移动过程中保持身体平衡
- **教学重点** 让学生掌握快速移动到较远位置的步法
- **器材准备** 盆及乒乓球若干

A. 热身方案

按顺序做以下 6 个动作，完成热身。　⏱ 8~10 分钟

动作	重复次数 / 保持时间 / 行进距离	页码
1 十字象限跳	10 次（前后左右算一次）	详情见 P24
2 站姿 - Y 字	20~30 次	详情见 P16
3 弓步跳	10~15 次（左右算一次）	详情见 P23
4 向后弓步走 - 腘绳肌拉伸	8~10 次（左右算一次）	详情见 P13
5 俯卧登山步	30 次（左右算一次）	详情见 P21
6 侧弓步 + 体前屈	8~10 次（左右算一次）	详情见 P25

B. 技术教学：正交叉步

⏱ 8~15 分钟

1. 讲解并示范正交叉步的分解和连贯动作。
2. 说明动作要点。
3. 指导学生进行练习，可以根据人数分组练习。
4. 对学生的动作进行点评与纠正。

动作详情见 P55

C. 组织训练：移球积分赛　⏱ 16~25 分钟

1. 教师将学生组织到一起，详细讲解训练内容与注意事项。在球台的四角各放一个盆，并在球台一侧的桌角处盆里各放 15 个乒乓球，另一侧的盆里不放球。

2. 将学生分成人数相等的两组，每组派出一名组员，二人面对面站在球台的边线侧。教师下达开始口令后，组员开始转移乒乓球，其间可以使用各种步法，更快转移完所有乒乓球的组员计 1 分。所有组员依次比拼，最后累计得分最高的队伍获胜。

训练详情见 P72

D. 放松活动　按顺序做以下 6 个动作，完成放松。　⏱ 8~10 分钟

动作	重复次数 / 保持时间 / 行进距离	页码
1 屈伸手腕	左右两侧各 15~30 秒	详情见 P30
2 手臂后伸屈肘后推	左右两侧各 15~30 秒	详情见 P39
3 三角肌前束 -向后伸展上提	15~30 秒	详情见 P31
4 站姿股四头肌拉伸（静态）	左右两侧各 15~30 秒	详情见 P45
5 单腿屈髋（静态）	左右两侧各 15~30 秒	详情见 P44
6 跪姿背阔肌拉伸	15~30 秒	详情见 P35

第 8 课

- **教学目标** 让学生学会正确的横拍正手平击发球技术，并学会控制发球的落点
- **教学重点** 让学生在正确的时机用球拍以适当的角度击球
- **器材准备** 乒乓球拍及乒乓球若干

A. 热身方案
按顺序做以下 6 个动作，完成热身。 ⏱ 8~10 分钟

动作	重复次数 / 保持时间 / 行进距离	页码
1 垫步直臂环绕	30 次	详情见 P27
2 站姿 - T 字	20~30 次	详情见 P6
3 十字象限跳	10 次（前后左右算一次）	详情见 P24
4 向后弓步 + 旋转	8~10 次（左右算一次）	详情见 P9
5 碎步跑	30~60 秒 /20~30 米	详情见 P7
6 毛毛虫爬	8~10 次 /8~10 米	详情见 P15

B. 技术教学：横拍正手平击发球
⏱ 8~15 分钟

1. 讲解并示范横拍正手平击发球的分解和连贯动作。

2. 讲解引拍动作、击球时机、拍面角度等技术要点。

3. 指导学生进行练习，可以根据人数分组练习。

4. 对学生的动作进行点评与纠正。

动作详情见 P56

C. 组织训练："击准王"游戏　⏱ 16~25 分钟

1. 教师将学生组织到一起，详细讲解游戏规则与注意事项。在球台一侧的两个角上各画边长为 30 厘米的正方形，之后将学生分成人数相等的两组，每组各占一张球台。

2. 组员站在球台的另一侧，使用横拍正手平击发球技术发球，如果球落在正方形内，则计 1 分。每人有 10 次发球机会，所有人依次完成发球后，发球落在正方形内次数最多的组员获胜，为"击准王"。

训练详情见 P73

D. 放松活动　按顺序做以下 6 个动作，完成放松。　⏱ 8~10 分钟

动作	重复次数 / 保持时间 / 行进距离	页码
1 屈伸手腕	左右两侧各 15~30 秒	详情见 P30
2 手臂后伸屈肘后推	左右两侧各 15~30 秒	详情见 P39
3 菱形肌拉伸	15~30 秒	详情见 P40
4 腓肠肌拉伸	左右两侧各 15~30 秒	详情见 P33
5 半跪姿股四头肌拉伸	左右两侧各 15~30 秒	详情见 P34
6 分腿蹲 - 原地	左右两侧各 15~30 秒	详情见 P42

第 9 课

- **教学目标** 让学生学会正确的横拍反手平击发球技术，并能够控制击球的力度与发球的落点
- **教学重点** 让学生在正确的时机用球拍以适当的角度击球
- **器材准备** 筐、乒乓球拍及乒乓球若干

A. 热身方案

按顺序做以下 6 个动作，完成热身。　⏱ 8~10 分钟

动作	重复次数 / 保持时间 / 行进距离	页码
1 碎步跑	30~60 秒 /20~30 米	详情见 P7
2 毛毛虫爬	8~10 次 /8~10 米	详情见 P15
3 波比跳	20~30 次	详情见 P20
4 站姿 - W 字	20~30 次	详情见 P17
5 垫步直腿跳	30~60 秒	详情见 P19
6 燕式平衡 + 体前屈	8~10 次（左右算一次）	详情见 P26

1 **2** **3** **4** **5** **6**

B. 技术教学：横拍反手平击发球　⏱ 8~15 分钟

 →

1. 讲解并示范横拍反手平击发球的分解和连贯动作。

2. 讲解引拍动作、击球时机、拍面角度等技术要点。

3. 指导学生进行练习，可以根据人数分组练习。

4. 对学生的动作进行点评与纠正。

动作详情见 P57

C. 组织训练：击球入筐　⏱ 16~25 分钟

1. 教师将学生组织到一起，详细讲解训练内容与注意事项。之后每 10 名学生为一组，分发球拍与乒乓球，每组各占一张球台，并在对侧球台上放一个筐。

2. 组员站在球台的另一侧，使用横拍反手平击发球技术发球，使乒乓球从球台上弹起后落入筐内。每人有 5 次发球机会，所有人依次完成发球后，落入筐内的乒乓球数最多的队伍获胜。

训练详情见 P74

D. 放松活动　按顺序做以下 6 个动作，完成放松。　⏱ 8~10 分钟

	动作	重复次数 / 保持时间 / 行进距离	页码
1	屈伸手腕	左右两侧各 15~30 秒	详情见 P30
2	三角肌前束 –向后伸展上提	15~30 秒	详情见 P31
3	手臂后伸屈肘后推	左右两侧各 15~30 秒	详情见 P39
4	坐式主动拉伸	15~30 秒	详情见 P32
5	站姿股四头肌拉伸（静态）	左右两侧各 15~30 秒	详情见 P45
6	单腿屈髋（静态）	左右两侧各 15~30 秒	详情见 P44

1　2　3　4　5　6

<table>
<tr><td colspan="2">

■ **教学目标** 让学生学会正确的横拍反手发短球技术，并掌握
发短球与普通发球的区别
</td></tr>
</table>

第 10 课

■ **教学目标** 让学生学会正确的横拍反手发短球技术，并掌握发短球与普通发球的区别

■ **教学重点** 让学生以较小的动作发球并使球不出台

■ **器材准备** 乒乓球拍及乒乓球若干

A. 热身方案　按顺序做以下 6 个动作，完成热身。　⏱ 8~10 分钟

动作	重复次数 / 保持时间 / 行进距离	页码
1 碎步跑	30~60 秒 /20~30 米	详情见 P7
2 站姿 - T 字	20~30 次	详情见 P6
3 对侧肘碰膝垫步跳	30 次（左右算一次）	详情见 P11
4 单腿屈髋（动态）	8~10 次（左右算一次）	详情见 P44
5 振臂跳	30 次（左右算一次）	详情见 P10
6 最伟大拉伸	8~10 次（左右算一次）	详情见 P12

1 **2** **3** **4** **5** **6**

B. 技术教学：横拍反手发短球　⏱ 8~15 分钟

1. 讲解并示范横拍反手发短球的分解和连贯动作。

2. 讲解引拍动作、击球时机、拍面角度等技术要点。

3. 指导学生进行练习，可以根据人数分组练习。

4. 对学生的动作进行点评与纠正。

动作详情见 P58

C. 组织训练：击球积分赛 ⏱ 16~25 分钟

1. 教师将学生组织到一起，详细讲解训练内容与注意事项。将球台一侧划分为九宫格，每一格分别对应 1~9 分。之后将学生分成人数相等的两组，每组各占一张球台。

2. 组员站在球台的另一侧，使用横拍正、反手平击发球和反手发短球等发球技术将球打至另一半台，球在对侧台面的第一落点在哪一格则该组获得相应分数。每人只有一次发球机会，所有人依次完成发球后，累计分数最高的队伍获胜。

训练详情见 P75

D. 放松活动 按顺序做以下 6 个动作，完成放松。 ⏱ 8~10 分钟

动作	重复次数 / 保持时间 / 行进距离	页码
1 屈伸手腕	左右两侧各 15~30 秒	详情见 P30
2 手臂后伸屈肘后推	左右两侧各 15~30 秒	详情见 P39
3 三角肌前束 -向后伸展上提	15~30 秒	详情见 P31
4 侧卧股四头肌拉伸	左右两侧各 15~30 秒	详情见 P37
5 单腿屈髋（静态）	左右两侧各 15~30 秒	详情见 P44
6 腓肠肌拉伸	左右两侧各 15~30 秒	详情见 P33

第 11 课

- **教学目标** 让学生学会正确的横拍正手攻球技术，并能够回击速度较快的来球
- **教学重点** 让学生能够在正确的时机击球并保证回球质量
- **器材准备** 乒乓球拍及乒乓球若干

A. 热身方案

按顺序做以下 6 个动作，完成热身。 ⏱ 8~10 分钟

动作	重复次数 / 保持时间 / 行进距离	页码
1 振臂跳	30 次（左右算一次）	详情见 P10
2 站姿 - Y 字	20~30 次	详情见 P16
3 对侧肘碰膝垫步跳	30 次（左右算一次）	详情见 P11
4 单腿屈髋（动态）	8~10 次（左右算一次）	详情见 P44
5 俯卧登山步	30 次（左右算一次）	详情见 P21
6 侧弓步 + 体前屈	8~10 次（左右算一次）	详情见 P25

B. 技术教学：横拍正手攻球

⏱ 8~15 分钟

1. 讲解并示范横拍正手攻球的分解和连贯动作。

2. 讲解引拍幅度、击球位置、拍面角度等技术要点。

3. 指导学生进行练习，可以根据人数分组练习。

4. 对学生的动作进行点评与纠正。

动作详情见 P59

C. 组织训练：横拍正手攻球练习 ⏱ 16~25 分钟

1. 教师将学生组织到一起，详细讲解训练内容与注意事项。之后每两名学生为一组，分发球拍和乒乓球。

2. 让学生面对墙壁，站在离墙 1 米左右的位置，将球向地面扔去，然后采用横拍正手攻球技术将反弹起来的球打向墙面。练习 5 分钟后，同组两人使用横拍正手攻球技术在球台上进行对打练习。

训练详情见 P76

D. 放松活动　按顺序做以下 6 个动作，完成放松。 ⏱ 8~10 分钟

	动作	重复次数 / 保持时间 / 行进距离	页码
1	屈伸手腕	左右两侧各 15~30 秒	详情见 P30
2	三角肌前束 –向后伸展上提	15~30 秒	详情见 P31
3	菱形肌拉伸	15~30 秒	详情见 P40
4	侧卧股四头肌拉伸	左右两侧各 15~30 秒	详情见 P37
5	单腿屈髋（静态）	左右两侧各 15~30 秒	详情见 P44
6	猫狗式 –胸椎伸展	8~10 次	详情见 P36

第 12 课

- **教学目标** 让学生学会正确的横拍反手攻球技术，并能够在实战中应用该技术
- **教学重点** 让学生能够在正确的时机击球并保证回球质量
- **器材准备** 乒乓球拍及乒乓球若干

A. 热身方案
按顺序做以下 6 个动作，完成热身。 ⏱ 8~10 分钟

动作	重复次数 / 保持时间 / 行进距离	页码
1 垫步直臂环绕	30 次	详情见 P27
2 站姿－T 字	20~30 次	详情见 P6
3 弓步跳	10~15 次（左右算一次）	详情见 P23
4 向后弓步＋旋转	8~10 次（左右算一次）	详情见 P9
5 十字象限跳	10 次（前后左右算一次）	详情见 P24
6 毛毛虫爬	8~10 次 /8~10 米	详情见 P15

1  **2**  **3**  **4**  **5**  **6**

B. 技术教学：横拍反手攻球
⏱ 8~15 分钟

1. 讲解并示范横拍反手攻球的分解和连贯动作。
2. 讲解引拍幅度、击球位置、拍面角度等技术要点。
3. 指导学生进行练习，可以根据人数分组练习。
4. 对学生的动作进行点评与纠正。

动作详情见 P60

C. 组织训练：横拍反手攻球练习 ⏱ 16~25 分钟

1. 教师将学生组织到一起，详细讲解训练内容与注意事项。之后每两名学生为一组，分发球拍和乒乓球。

2. 让学生面对墙壁，站在离墙 1 米左右的位置，将球向地面扔去，然后采用横拍反手攻球技术将反弹起来的球打向墙面。在练习 5 分钟后，同组的两人在球台上对打，其间交替使用横拍正、反手攻球技术。

训练详情见 P77

D. 放松活动 按顺序做以下 6 个动作，完成放松。 ⏱ 8~10 分钟

动作	重复次数 / 保持时间 / 行进距离	页码
1 屈伸手腕	左右两侧各 15~30 秒	详情见 P30
2 三角肌前束 -向后伸展上提	15~30 秒	详情见 P31
3 手臂后伸屈肘后推	左右两侧各 15~30 秒	详情见 P39
4 侧卧股四头肌拉伸	左右两侧各 15~30 秒	详情见 P37
5 坐式主动拉伸	15~30 秒	详情见 P32
6 腓肠肌拉伸	左右两侧各 15~30 秒	详情见 P33

第 13 课

- **教学目标** 让学生学会正确的正手平挡技术，并能够在实战中熟练运用该技术进行防守
- **教学重点** 让学生能够在正确的时机击球并保证回球质量
- **器材准备** 乒乓球拍及乒乓球若干

A. 热身方案　按顺序做以下 6 个动作，完成热身。　⏱ 8~10 分钟

动作	重复次数 / 保持时间 / 行进距离	页码
1 十字象限跳	10 次（前后左右算一次）	详情见 P24
2 毛毛虫爬	8~10 次 /8~10 米	详情见 P15
3 波比跳	20~30 次	详情见 P20
4 站姿 – W 字	20~30 次	详情见 P17
5 垫步直腿跳	30~60 秒	详情见 P19
6 最伟大拉伸	8~10 次（左右算一次）	详情见 P12

B. 技术教学：正手平挡　⏱ 8~15 分钟

1. 讲解并示范正手平挡的分解和连贯动作。

2. 讲解引拍幅度、击球位置、拍面角度等技术要点。

3. 指导学生进行练习，可以根据人数分组练习。

4. 对学生的动作进行点评与纠正。

动作详情见 P61

C. 组织训练：正手平挡练习 ⏱ 16~25 分钟

1. 教师将学生组织到一起，详细讲解训练内容与注意事项。之后每两名学生为一组，分发球拍和乒乓球。

2. 两人面对墙壁，站在离墙 1 米左右的位置，将球向地面扔去，然后采用正手平挡技术将反弹起来的球打向墙面。在练习 5 分钟后，同组的两人面对面进行 5 分钟的空中对挡球练习。

训练详情见 P78

D. 放松活动　按顺序做以下 6 个动作，完成放松。⏱ 8~10 分钟

动作	重复次数 / 保持时间 / 行进距离	页码
1 屈伸手腕	左右两侧各 15~30 秒	详情见 P30
2 手臂后伸屈肘后推	左右两侧各 15~30 秒	详情见 P39
3 三角肌前束 - 向后伸展上提	15~30 秒	详情见 P31
4 站姿股四头肌拉伸（静态）	左右两侧各 15~30 秒	详情见 P45
5 单腿屈髋（静态）	左右两侧各 15~30 秒	详情见 P44
6 跪姿背阔肌拉伸	15~30 秒	详情见 P35

第 14 课	■ **教学目标** 让学生学会正确的反手平挡技术，并能够在实战中熟练运用该技术进行防守
	■ **教学重点** 让学生能够在正确的时机击球并保证回球质量
	■ **器材准备** 乒乓球拍及乒乓球若干

A. 热身方案

按顺序做以下 6 个动作，完成热身。 ⏱ 8~10 分钟

动作	重复次数 / 保持时间 / 行进距离	页码
1 碎步跑	30~60 秒 /20~30 米	详情见 P7
2 徒手蹲 –相扑式	10~15 次	详情见 P22
3 波比跳	20~30 次	详情见 P20
4 站姿－W 字	20~30 次	详情见 P17
5 垫步直腿跳	30~60 秒	详情见 P19
6 燕式平衡+体前屈	8~10 次（左右算一次）	详情见 P26

B. 技术教学：反手平挡

⏱ 8~15 分钟

1. 讲解并示范反手平挡的分解和连贯动作。

2. 讲解引拍幅度、击球位置、拍面角度等技术要点。

3. 指导学生进行练习，可以根据人数分组练习。

4. 对学生的动作进行点评与纠正。

动作详情见 P62

C. 组织训练：反手平挡接力赛 ⏱ 16~25 分钟

1. 教师将学生组织到一起，详细讲解训练内容与注意事项。之后将学生分成人数相等的两组，分发球拍和乒乓球。

2. 每组站成两列，两列组员面对面错位站立。最左侧的组员发球，其左前方的组员使用反手平挡技术将球击向自己右前方的组员，依次类推。如果有组员未接到球，则需从最左侧重新开始传球。最先将球传至最右侧的组获胜。

训练详情见 P79

D. 放松活动 按顺序做以下 6 个动作，完成放松。 ⏱ 8~10 分钟

动作	重复次数 / 保持时间 / 行进距离	页码
1 屈伸手腕	左右两侧各 15~30 秒	详情见 P30
2 三角肌前束 -向后伸展上提	15~30 秒	详情见 P31
3 手臂后伸屈肘后推	左右两侧各 15~30 秒	详情见 P39
4 半跪姿股四头肌拉伸	左右两侧各 15~30 秒	详情见 P34
5 4 字拉伸	左右两侧各 15~30 秒	详情见 P38
6 腓肠肌拉伸	左右两侧各 15~30 秒	详情见 P33

第 15 课

- **教学目标** 让学生学会正确的横拍正手搓球技术，并能够在实战中灵活运用此技术
- **教学重点** 让学生能够使用横拍搓球技术回击短球和下旋球
- **器材准备** 乒乓球拍及乒乓球若干

A. 热身方案　按顺序做以下 6 个动作，完成热身。　⏱ 8~10 分钟

动作	重复次数 / 保持时间 / 行进距离	页码
1　碎步跑	30~60 秒 /20~30 米	详情见 P7
2　抱膝前进	8~10 次（左右算一次）	详情见 P14
3　对侧肘碰膝垫步跳	20~30 次（左右算一次）	详情见 P11
4　侧弓步 + 体前屈	8~10 次（左右算一次）	详情见 P25
5　高抬腿	20~30 次（左右算一次）	详情见 P29
6　最伟大拉伸	8~10 次（左右算一次）	详情见 P12

1  2  3  4  5  6

B. 技术教学：横拍正手搓球　⏱ 8~15 分钟

1. 讲解并示范横拍正手搓球的分解和连贯动作。
2. 讲解上步步法、引拍幅度、击球位置、拍面角度等技术要点。
3. 指导学生进行练习，可以根据人数分组练习。
4. 对学生的动作进行点评与纠正。

动作详情见 P63

C. 组织训练：团队乒乓球接力赛 ⏱ 16~25 分钟

1. 教师将学生组织到一起，详细讲解训练内容与注意事项。之后将学生分成人数相等的两组，每组排成一排，分别站于球台两侧，每组分发两个球拍。

2. 站在队首的组员发球，发完球后立即离开，后面的组员迅速上前回击对面的来球，之后也马上离开，依次循环，如果中途有人接球失败，则需回到己方队尾，并将球交于对方组，由对方下一名组员发球。组内所有成员最先完成接球或发球的组获胜。

训练详情见 P80

D. 放松活动 按顺序做以下 6 个动作，完成放松。 ⏱ 8~10 分钟

动作	重复次数 / 保持时间 / 行进距离	页码
1 屈伸手腕	左右两侧各 15~30 秒	详情见 P30
2 三角肌前束 -向后伸展上提	15~30 秒	详情见 P31
3 手臂后伸屈肘后推	左右两侧各 15~30 秒	详情见 P39
4 半跪姿股四头肌拉伸	左右两侧各 15~30 秒	详情见 P34
5 4 字拉伸	左右两侧各 15~30 秒	详情见 P38
6 腓肠肌拉伸	左右两侧各 15~30 秒	详情见 P33

第 16 课

- **教学目标** 让学生学会正确的横拍反手搓球技术，并能够在实战中灵活运用此技术
- **教学重点** 让学生能够使用横拍反手搓球技术回击短球和下旋球
- **器材准备** 乒乓球拍及乒乓球若干

A. 热身方案

按顺序做以下 6 个动作，完成热身。 ⏱ 8~10 分钟

动作	重复次数 / 保持时间 / 行进距离	页码
1 十字象限跳	10 次（前后左右算一次）	详情见 P24
2 站姿 - Y 字	20~30 次	详情见 P16
3 弓步跳	10~15 次（左右算一次）	详情见 P23
4 向后弓步走 - 腘绳肌拉伸	8~10 次（左右算一次）	详情见 P13
5 俯卧登山步	30 次（左右算一次）	详情见 P21
6 侧弓步 + 体前屈	8~10 次（左右算一次）	详情见 P25

1  **2**  **3**  **4**  **5**  **6**

B. 技术教学：横拍反手搓球

⏱ 8~15 分钟

1. 讲解并示范横拍反手搓球的分解和连贯动作。

2. 讲解上步步法、引拍幅度、击球位置、拍面角度等技术要点。

3. 指导学生进行练习，可以根据人数分组练习。

4. 对学生的动作进行点评与纠正。

动作详情见 P64

C. 组织训练：擂台赛　⏱ 16~25 分钟

1. 教师将学生组织到一起，详细讲解训练内容与注意事项。之后将学生分成人数相等的两组，每组各占一张球台，分发球拍和乒乓球。

2. 每组分别进行擂台赛，先由任意两名组员进行比赛，未成功接到球的组员下场，获胜者成为擂主，并与其他组员轮流对阵，直至新擂主产生。在所有组员都参加过比赛后，最后的擂主为获胜者。

训练详情见 P81

D. 放松活动　按顺序做以下 6 个动作，完成放松。　⏱ 8~10 分钟

动作	重复次数 / 保持时间 / 行进距离	页码
1 屈伸手腕	左右两侧各 15~30 秒	详情见 P30
2 三角肌前束 - 向后伸展上提	15~30 秒	详情见 P31
3 侧卧股四头肌拉伸	左右两侧各 15~30 秒	详情见 P37
4 坐姿体前屈	15~30 秒	详情见 P43
5 坐式主动拉伸	15~30 秒	详情见 P32
6 腓肠肌拉伸	左右两侧各 15~30 秒	详情见 P33

1
2
3
6
4
5

第6章

常见运动损伤与预防

乒乓球技术动作主要有攻、冲、拉、推、削、搓和各种步法移动。儿童青少年需要具备良好的速度、灵敏和耐力素质。击球时，需要手臂具备良好的屈伸、内旋、外旋的速度和爆发力，需要手腕良好的爆发力和灵活性。脚步移动时，需要熟练的蹬（蹬地要有力）、起（起动要突然）、动（移动要迅速）、跨（跨步要准确）、停（停要停得稳）和良好的爆发力。儿童青少年处于身体快速发育阶段，对项目的认知、技术水平可能还不够高，更容易出现运动损伤。据有关研究统计，在147例乒乓球运动创伤中，腰部损伤占比最高，为23.5%；其次为膝关节损伤，占13.4%；肩关节损伤点占比为10.1%。本章将从儿童青少年生理特点出发，主要介绍乒乓球运动中常见的损伤与预防方法。

6.1 儿童青少年生理特点与运动损伤之间的关系

● 骨骼特点

软骨组织多，水分多，有机物质多，无机盐少，骨松质较多，骨密质较少。虽然富有弹性，却不坚固。

➡ 骨头不容易发生完全骨折，不过容易弯曲、变形。

● 肌肉特点

水分多，无机盐、蛋白质、脂肪少。

➡ 肌肉收缩机能差，耐力差，比较容易产生疲劳感。

● 神经特点

神经活动不稳定，不易抑制，容易兴奋。

➡ 注意力不集中。

● 关节特点

关节面软骨厚，关节囊、韧带的延展性强，周围肌肉细长。关节活动范围大，但牢固性差。

➡ （有较大外力作用时）关节脱位。

骨骼	肌肉	神经	关节
⬇	⬇	⬇	⬇
弯曲、变形	疲劳	注意力不集中	脱位

6.2　乒乓球运动中常见的损伤

● **运动损伤的定义**

　　运动损伤是指在参加运动或锻炼时发生的组织损伤。根据损伤的部位，可将其分为：骨骼系统损伤，韧带和关节损伤，肌肉和肌腱损伤。

骨骼系统损伤

● **骨挫伤**

　　接触类体育运动中的常见损伤，是发生在骨头上的直接创伤，但不会导致骨折。儿童青少年由于肌肉骨骼系统尚未发育成熟，在运动中容易发生骨挫伤，多见于脚踝、手腕以及坐骨处。

● **急性骨折**

　　骨骼突然弯曲、扭曲或受压而发生立即断裂，有明显局部疼痛和肿胀。常见于高对抗类体育运动中。

● **应力性骨折**

　　因过度使用而导致的骨骼损伤，是正常骨骼受到反复应力作用而导致的微骨折，需借助 MRI 或 CT 才能确诊。

韧带和关节损伤

● **膝关节损伤**

　　膝关节是较为复杂的关节，是外伤中比较常见的部位。人体直立时膝关节屈曲角度为 0 度，屈曲时最大可达 150 度，膝关节屈曲角度在 30 ～ 150 度之间时最容易受伤。在乒乓球训练和比赛中，运动员常处于半蹲位，其膝关节屈曲角度人部分在这一范围内，因而最容易发生膝关节的损伤。据相关文献资料显示，在各种不同类型打法中，由于弧圈和弧圈结合快攻打法移动范围大，运用滑步、交叉步较多，而且远离球台，主动发力攻球多，从而加大膝关节用力负荷，因此，这种类型的打法中膝关节损伤比例更高。同时，在乒乓球运动中，膝关节在过多的屈伸过程中加上旋转的动作使半月板出现矛盾动作，当膝关节屈曲时，小腿位于外展、外旋位，大腿突然内收、内旋并伸膝即可损伤内侧半月板。膝关节突然猛力过伸，也可损伤半月板的前角。

● 踝关节损伤

踝关节是乒乓球运动中极易受伤的部位。由于乒乓球落点范围大，运动员需要不停移动。同时由于乒乓球球速太快，运动员习惯用脚尖着地，这样的做法很容易使踝关节局部负荷过重，加上肌肉力量不足，容易导致踝关节韧带扭伤。此外，长期的错误姿势，还会造成踝关节创伤性滑膜炎。

● 髋关节损伤

髋关节是下肢最灵活的关节，所有的跑动类项目都需要强韧有力、灵活协调的髋关节。在乒乓球项目中，腹股沟韧带拉伤是运动员常见的髋关节损伤。腹股沟韧带位于小腹斜下侧靠近大腿位置，通常侧向蹬伸、转身冲刺易引起拉伤。另外，在运动员受到制动或摔倒时也容易引发盂唇损伤。

● 腰椎关节损伤

乒乓球运动对运动员腰部也有很高的要求，例如转身拉球、扣球，快速的攻防转换，都对运动员腰部提出较高要求，这也使得乒乓球运动员腰部较易受伤。乒乓球运动发力的部位主要是腰背部，而腰部的力量来源主要靠腰部肌肉的协调收缩舒张，腰部发力的肌肉主要是腹外斜肌、腹内斜肌、髂腰肌、骶棘肌。在训练中如果肌肉没有得到充分预热活动便过猛发力，就有可能造成损伤。腰背部是乒乓球运动发力的重要着力点，腰部肌肉长时间的用力，会使其负荷较大，造成腰部的慢性损伤，这也极大影响了运动员技战术的发挥。

● 肩关节损伤

肩关节是人体中活动度最大的关节。乒乓球运动中一切挥拍动作都需要肩关节辅助其它关节来共同完成，这使得肩部在乒乓球运动中较易发生损伤。由于乒乓球运动中肩关节使用频率高，肩关节反复在超常范围的急剧转动，特别是上臂外展所引起的肩袖肌腱和肩峰下滑囊受到不断挤压、摩擦和牵扯，使得肩袖较易发生损伤。

肌肉和肌腱损伤

- **股四头肌肌肉拉伤**

  股四头肌是下肢大肌群肌肉之一，位于大腿前侧，容易在空中对抗、快跑时因肌肉快速离心收缩引起拉伤。

- **腘绳肌拉伤**

  腘绳肌是蹬伸加速的主要发力肌肉，位于大腿后侧，容易在加速或摆脱防守的急起急停时引起拉伤。

- **肌腱炎**

  由重复运动或受伤引起的肌腱或肌腱周围的肌腱鞘发炎也是常见的肌肉损伤。这一损伤主要是由过度使用或用力方式不正确引起的，常见的肌腱炎有肱骨外上髁炎（即网球肘）、胫骨结节炎、足底筋膜炎等。

6.3 运动损伤应急处理

常见运动损伤的应急处理

运动必然伴随损伤风险，特别是针对儿童青少年群体，面对突发损伤情况，老师、教练或家长正确、及时的应急处理可以最大程度地保护伤者，减少炎症发生、缓解疼痛加剧以及避免二次创伤。下文提供了几类急性损伤的应急处理方法，但主要是针对伤情不严重的情况，教练或家长应该对儿童青少年受伤情况的轻重缓急做出基本或准确的判断，在面对伤势较重或无法处理的情况时，应及时寻找专业医务人士或抓紧去医院治疗，不要耽误时机。

开放性软组织损伤

开放性软组织损伤主要表现为受伤部位的皮肤或粘膜有破损，形成伤口或组织外露，由于伤口存在感染危险，如果早期处理不当，容易引发感染，甚至危及生命。

开放性软组织损伤的处理原则为止血和防止伤口感染。

- ● 压迫止血

使用干净的衣物填充压迫伤口止血。四肢大出血时应采用止血带，但需定时放松，防止肢体坏死。止血后应当及时就医。

- ● 抬高患肢

使出血部位高于心脏，降低该处血压，减少血流量，从而止血。主要用于四肢少量出血的情况。

- ● 冰敷

一般与前两种方式同时使用，进行止痛、止血、减少肿胀。

- ● 清洁消毒

先用碘伏或酒精消毒液对创口进行消毒，再用纱布或创可贴对受伤部位进行包扎处理，随后及时就医。

闭合性软组织损伤

闭合性软组织损伤主要表现为局部皮肤或粘膜完整，无伤口与外界相通，损伤时的出血积聚在组织内。当身体受钝力作用，肌肉猛烈收缩，关节活动超越正常范围或劳损时通常会引起闭合性软组织损伤。该类损伤中急性多于慢性，若急性损伤治疗不当、不及时或过早参加训练，可能会转化为慢性损伤。

轻微至中等闭合性软组织损伤通常采用国际通用 POLICE 应急处理原则。

- ● P——Protect：保护

当损伤发生后，应立刻停止运动，保护受伤部位，在他人帮助下尽快离开运动场所。如果受伤后无法自主活动，应在安全的情况下，尽可能以适当的保护工具或姿势进行防护，避免受伤处加重或受二次创伤。

- ● OL——Optimal Loading：最优负荷

从受伤时起（特别是关节扭伤后），可在有保护和不引起受伤部位明显疼痛的前提下，采用适当负荷进行积极性的活动。适当负荷刺激可以促进细胞反应和组织结构重塑，这种轻柔舒缓的活动有利于恢复。须注意的是，在活动过程中要合理控制强度，对受伤的部位持续加以保护。

- **I——Ice：冰敷**

一般受伤后不超过 24 小时都可以选择冰敷，单次冰敷以 10 ～ 20 分钟为宜，冰敷可以有效控制受伤部位的肿胀和炎症，并在一定程度上缓解疼痛。如果没有合适的冰袋，可先用凉水冲洗，再寻找合适冰敷装置。须注意的是，对于儿童青少年，一般不将冰袋直接与其皮肤接触，最好在皮肤和冰袋之间垫层毛巾，以避免冻伤。如果是冰敷关节部位，可以每 5 分钟拿开冰袋，稍微活动下关节再继续。

- **C——Compression：加压包扎**

加压包扎的方法要配合冰敷，使用有弹力的绷带将冰袋绑在受伤处，捆绑的时候稍稍用力，根据主观的疼痛感觉，给予一定的压力。加压的主要作用是帮助控制或减少肿胀，并通过对四肢施压增大组织压力从而减少内出血，同时也有减缓伤口发炎、减少组织液渗出的作用。

- **E——Elevation：抬高**

抬高是将受伤的部位抬高，原则上 48 小时内都应该抬高患肢，患肢抬高的高度至少超过心脏位置，如果是上肢受伤可以借助吊带将肢体吊起，如果下肢受伤可以使用坐姿抬高腿或平躺时腿下垫个枕头。抬高的目的是加速血液和淋巴液回流，通过减少组织液渗出减轻患肢水肿，从而缓解疼痛和加速康复。

6.4 常见运动损伤的预防

儿童青少年运动损伤预防主要原则

儿童青少年运动损伤预防主要原则
- 1. 提高风险意识，预防和运动同等重要
- 2. 有专业人士（教师、教练）监护和指导
- 3. 创造安全的运动环境
- 4. 提升运动时的专注度和注意力
- 5. 遵循科学训练原则，循序渐进

儿童青少年运动损伤预防主要措施

- **运动前做好充分的准备活动**

  每次运动前都必须有热身或准备活动环节。热身活动可以提高机体温度，促进血液循环，提高肌肉的收缩性能，有效降低肌肉的粘滞性，增加关节活动幅度，减少损伤的发生概率。

- **注重基本技术动作练习**

  错误的动作往往是运动损伤的潜在诱因，特别是针对儿童青少年，一定要注重体能训练、运动专项的练习质量，形成正确、合理的动作模式，训练中动作质量重要程度远远高于动作数量。

- **选择运动服饰和佩戴防护装备**

  儿童青少年运动时一定选择舒适的运动衣服和合适大小的运动鞋，此外，进行篮球、足球、自行车等各项专项运动时，需要佩戴一些必备的专业护具，比如护膝、护腿板、头盔、防摔衣等。

- **重视基础体能，提高体能水平**

儿童青少年无论学习哪一种体育项目，都要注重基础体能的练习。在基础体能和专项技术之间，应该先提升孩子的基础运动技能，有了正确的动作模式和一定的力量、速度、爆发力、灵敏、协调等方面的身体素质，并加强了骨骼肌肉系统和神经肌肉控制系统之后，再参加竞技性体育运动才是最好的选择，这不仅将大幅降低儿童青少年运动损伤的发生概率，还有助于更好的运动表现。

- **训练后及时恢复放松**

训练后及时进行放松，是一种从小就需要养成的良好运动习惯。尽管儿童青少年生长激素水平高，新陈代谢和疲劳消除都很快，但同样也需要在运动后使用静态拉伸、软组织松解等恢复放松手段，从而取得更好的恢复效果，同时提升儿童青少年的柔韧性和肌肉弹性，预防运动损伤。